ライフファーズ　罪に向きあう

坂上 香

みすず書房

ライファーズ　罪に向きあう

目次

第一章　出発点　1
道標／旅の始まり／日本初の刑務所内ＴＣ／蒔かれた種
第二章　ツーソン　21
アミティへの旅／アリス・ミラーの伝言／ナヤのストーリー／番号から名前への旅
第三章　サンディエゴ　45
社会の監獄化／刑務所内ＴＣへの道／監獄の中のサンクチュアリ
第四章　オータイメサ　63
一枚の写真／ライファーズとは誰か？／刑務所という名のホーム／デッドエンド
第五章　サンイシドロ　83
仮釈放審議会への道／遺族の存在／花とスクランブルエッグ／秘密
第六章　サウス・セントラル　109
審議の決定／ゲットーのオアシス／寛容の博物館／バラの苗木／犯罪者の子どもとして生きる／釈放後の現実

第七章　コンプトン　137
ホームカミング／ゲットーのクリスマス／足下からの脱ゲットー化／修復的な対話の場

第八章　ランカスター　163
処遇される側から処遇する側へ／ジミーの旅／人種差別と勇気／ロックダウン下のクリスマス／誕生を祝う

第九章　ワッツ　189
続編への旅／新しいホーム／窓から見た世界／サイコドラマ

第十章　ロス・ルナス　213
男性受刑者の動揺／女性に向けられる眼差し／二つの死／加害の語りに耳を傾ける／母子プログラム／鏡との対話／希望の手紙

エピローグ　ティワナから　番号から名前への旅　239
強制送還／ティワナへの道／ホーム（刑務所）からの旅立ち／新しいホームを求めて／刑罰を超えて

註　269

あとがき　279

第一章　出発点

photo by Rod Mullen

人間には、他者の存在がなくてはならない。単に一緒にいるためだけではなく、サポート、理解、そして刺激（光を与えてくれる存在）が必要だからだ。たとえばある人が、ストレスを抱え、最も人とのコミュニケーションを必要としている時に、恥の意識や罪悪感、そして恐怖心を植え付けられてしまうことはよくあることだ。多くの親、教員、宗教者、そして一人の人間として接するべきそれ以外の人々が、痛みを伴う語りに対して、あまりにも無関心に聞き流してしまうからだ。しかし、善意もまた、不十分なのである。

マックスウェル・ジョーンズ(1)

道標

人生を、旅にたとえてみる。

時間軸でみることもできるだろうし、ある一つの視点やいくつかの視点からみていくこともできる。一生は、一つの長い旅だといえるが、それは、いくつもの小さな旅から成っているともいえる。それぞれに出発点と終点が存在する。ただ、点が点として、明確に存在するとはかぎらない。ひとつの終点が次の出発点と重なることや、同じ地点を何度か往復することだってある。そして、気がつかぬうちに新しい出発点が生まれていたりもする。

本書で考えていく、暴力からの再出発や罪との向きあい方は、私にとってはそんな旅の一つだ。

では、旅はいつ始まったのだろうか。

それは、校内暴力真っ盛りの一九八〇年代初め、私自身がリンチという集団暴行の被害にあった中学二年の頃だったといえるかもしれない。あるいは、事件をなかったことにされたまま、行き場のない怒りや無念さを持て余していた十代半ばか。それとも、「誰も助けてくれなかった」「私は見殺しにされた」という被害感情をひきずったまま、米国へ「逃亡」した大学時代かもしれない。ただ、暴力について具体的に考え始めたのはもっと後になってからだった。独裁政権終焉直後の南米チリでフィールドワーク調査を行い、暴力の時代を生き延びてきたサバイバーたちと行動を共にした大学院時代、その頃か。そういえば、刑務所という場所を初めて訪れたのもチリだった。

あるいは、テレビ番組制作に従事し、暴力の根源や暴力への対応をめぐる国内外での取材を重ねていた二〇代から三〇代半ば頃だったかもしれない。この時期に、虐待、少年司法、死刑、オルターナティブな司法などを映像化しながら、私は自らの被害者性や加害者性に、向きあい始めていた。

しかし、暴力や罪への向きあい方について真剣に考え始めたのは、テレビ業界を去ってからだともいえる。私がテレビ業界を去るきっかけとなった番組は、「従軍慰安婦」に対する国家の対応を扱っていた。まさに日本が抱える償いという問題と、被害者の回復をめぐるものだった。皮肉なことに、責任を回避しようとする圧力のもと、番組の改ざんという新たな暴力が引き起こされ、取材者として、また加害国の一員としていかに対応するか、私自身の姿勢が問われることとなった。

二〇〇四年、私は米国の刑務所を舞台に、ライファーズ（lifers：終身刑、もしくは無期刑受刑者）をめぐるドキュメンタリー映画を製作した。そして、映画と共に国内外を行脚し、被害や加害をめぐる対話を重ねた。二〇〇七年以降は、さらに踏み込み、依存症の親を持つ子どもたちや、ドメスティック・バイオレンス（DV）の影響を受けた子どもたちの表現活動をサポートしている。

旅のスタート地点を明確に言い当てることは難しい。どれもが出発点に思えるし、どれもが出発点としては不十分とも思える。各々の終点となると見当さえつかない。ただ言えるのは、償いと回復をめぐる私の旅は、ずいぶん前に始まっていたということだ。それは大小様々ないくつもの旅によって成り立っている。その各々の旅で欠かせないのは、冒頭に紹介したジョーンズの言う、刺激＝光を与えてくれる存在である。

旅人である私にとって彼／彼女らは、「道標」だ。そして一つの道標は、私を次の道標へとつないでくれる。思わぬところで突然現れたかと思うと、いつまでたっても現れないこともある。地図の存在しない旅での道標は、命綱の役割を担っている。時には思わぬ方向に迷い込み、途方にくれてしまうこともあるけれど、先人たちの足跡や、小さな手がかりを頼りに歩き続けていたら、また新たな道標にたどりついている。そんなことを繰り返してきたように思う。

もちろん道標は一つではない。どれを選び、どう行くかは自分にかかっているが、少なくとも自ら選んだ道標は、私をある方向へと誘ったり、何らかの重要なヒントを指し示してくれる。彼／彼女らは、暴力をめぐる「当事者」だ。

ここでの「当事者」とは、暴力の体験の有無のみを表す言葉ではない。暴力という体験を、それが被害であれ、加害であれ、余波的体験であれ、自らの課題として、同時に社会や世界全体の問題として、引き受けようとしている人を指している。だから、償いと回復をめぐる私の旅では、「当事者」が、かつての加害者であることもあれば、被害者や、その両方を経てきた人だったりもする。さらには、被害者や加害者の家族や友人、支援者や治療者など、ふつうは当事者とみなされない人も含んでいる。

私の旅における「当事者」は、揺れ動きながらも、自らの体験のみに限定することなく、しかし、それぞれの体験を拠り所に、進むべき道を体現してくれる人たちである。私は彼／彼女らといかに出会い、いかにして次の旅へと誘われていったのか。いくつかの場所に立ち戻り、道標を再確認する旅を、今、始めようと思う。

旅の始まり

二〇〇九年十二月初旬、新たな旅が始まろうとしていた。ただ、ルートも旅程も見えない、霧に包まれたスタートラインに立っているような気がしていた。

午前六時過ぎ、まだ薄暗く人気のない広島駅前のバスターミナル。私は、島根県の浜田市方面に向かう高速バスに乗り込んだ。乗客は私を入れて三名。広島市内のいくつかの停留所で、一人、二人とわずかな乗客を拾ったが、それでも五〇席余りの車内はガラガラだ。

中国自動車道に入ると、窓外の光景が急に変わった。うっすらと雪がかかった山脈が四方に広がり、緩やかに蛇行する高速道路と山の裾野の間には、小さな谷間がいくつも連なっている。深い朝霧がたちこめ、時折山間に差し込む太陽が、朝霧の切れ間をぬって谷間の集落を浮かび上がらせる。なんとも神秘的で美しい光景が前にも後にも延々と続く。窓外に流れる自然に魅せられながらも、それとは対照的な場所に、私は思いをめぐらせていた。フェンスと壁と沈黙に包まれた、無機質で人工的な空間。

刑務所。それが、今回の目的地だった。

記憶は十年程遡る。一九九〇年代末、私は日本のある女性刑務所から講演依頼を受けた。ちょうど私が企画・制作した米国の更生プログラムに関する番組(2)が放送された直後だった。番組では、米国で再犯率を劇的に抑えている民間の更生施設をとりあげた。そこでは、犯罪者同士の語り合いを通して幼少時代の被害体験を掘り起こし、そこから自らの罪に直面させていくという手法を使っている。私は、日本の刑務所がそのような取組みに関心を持ったのだと思い、喜んで講師を引き受けた。

講演会当日、女性の所長ともう一名の職員が事前に刑務所内を案内してくれた。以前、別の男性刑務所を訪問したときは、大きなかけ声をかけながら受刑者が軍隊式に廊下を行進させられる姿を見て強い抵抗感を感じたが、この女性刑務所は見た目にはそこまで厳しくはなく、多少ホッとした。だが、廊下では他の刑務所と同様、刑務官につきそわれた受刑者たちが壁に向かって立たされていた。訪問者に顔を向けてはならないのだ。肩をこわばらせ、気をつけの姿勢をし、顔を伏せがちにして、私たち一行が通り過ぎるのを彼女たちはジッと待っていた。

受刑者の大半が、土日を除く一日のほとんどの時間を、刑務作業や職業訓練にあてている。日本では懲役刑がほとんどで、仕事をすることが社会復帰に役立つと古くから考えられているためだ。工場の入口と出口では、刑務官が警帽の横に手をあて敬礼をし、受け持ちの作業者人数を大声で叫ぶ。工場に響き渡る怒号。そのたびに私の身体はこわばった。

工場では、受刑者たちがミシンを踏んだり、細かい手作業を脇目もふらずにもくもくとやっていた。台の上には、はちまきや赤白帽、テニスウェアなどが積まれていた。いずれも馴染み深い製品で、現場担当の刑務官は、想像以上に多くの日常品が、実は刑務所で作られていると説明してくれた。そして最後に、ここで見た製品のブランド名は公言しないでほしいと念を押された。企業イメージに傷をつけたくないというのがその理由らしかった。

ちらっと目があった受刑者がいた。彼女は仕上がった製品を運んでいる途中で、私は質問をしようと側に近寄ろうとした。その瞬間、刑務官が私の前に立ちはだかった。そして、受刑者には話しかけないでほしいと言った。

受刑者は特別な理由がなければ話すことを許されていない。特に作業中は、誰かと言葉を交わすだけで、懲罰の対象になってしまう。現場の職員や受刑者は、国内の処遇法にのっとった刑務所の規則や慣習に従い、自分の役割をこなしているに過ぎない。しかしそうだとしても、外の世界からの訪問者である私にとっては、違和感を覚えることばかりだった。何より、受刑者たちからは、恥、屈辱感、そして孤立感のようなものを嗅ぎ取った。

番組の取材先の米国の更生施設では、日常的に恥や屈辱的な思いをさせることは人を卑屈にさせ、人間的成長の妨げになると考えられていた。罪に向きあうためにも日常的な会話や語りが奨励され、受刑者を孤立させない工夫が随所にあった。日本の刑務所とは、正反対のアプローチといえる。

講演の会場である体育館に入ると、制服を着て背筋を伸ばした六〇名余りの職員がすでに整列して座っていた。ピンと張りつめた空気。私は緊張して口がこわばった。実は講演を引き受けた時、話す対象は当然受刑者だと思っていた。そうではないと知って、その可能性はないのかと聞いてみた。しかし、電話の向こうで一笑に付されてしまった。

講演では、番組で取り上げた更生プログラムとの出会いや取材を通して、私自身が気づいたことを中心に話した。受刑者の多くが深刻な虐待の被害者であること。過去の被害体験を無視したり否定するのではなく、具体的に語ることによって、被害と加害の連鎖のパターンに自ら気づくことの重要性。それは受刑者同士の語り合いから生まれるということ。暴力の悪循環については、受刑者だけでなく、外の社会に暮らす私たちにも関係があること。無意識のうちに、私たちも暴力の悪循環に陥り、それは自ら気づくことからしか変えられないこと。さらには、海外の事例と簡単に片付けられてしまわないために、あえて私の生い立ちや、中学時代に受けた集団暴行という被害体験、そして、鬱憤を晴らすために家庭で最も弱い弟に暴力をふるった加害体験についても触れた。聴衆は、表情一つ変えず、一糸乱れず聞いていた。何だか場違いな気がして、逃げ出したい衝動に駆られた。

最後に、質疑応答として十分程度を残した。しかし所長は、時間がないからという理由で、前列に座っていたゲストのみに意見を求めた。少年院の院長や他の刑務所の所長などの矯正エリートと、保護司や教誨師といった年配の地域の名士たちである。刑務所という場所では、受刑者のみならず、職員の立場でさえ、自由にものが言えないのだということを痛感させられた。

ゲストの意見は要約するとこんな感じだ。番組は素晴らしかった。米国の更生プログラムも興味深い。それにしても米国はひどい。児童虐待、犯罪、いずれをとっても、日本の現状とはかけ離れている。日本の矯正施設は質の高い職業訓練をはじめとして世界に誇る内容のプログラムを提供している。そもそも日本人は口下手なので、番組にあったような本音の語り合いは無理だ。よって、日本にはこのような更生プログラムは馴染まないし、必要もない。七、八名のほぼ全員が、褒めては落とした。番組をあくまでも米国の現象として捉え、日本の矯正を手放しで肯定していた。

日本の矯正は変わる必要がない。一言でいうと、そんなメッセージを私は受け取った。そして、正直、変わりそうもないと思った。

講演後、ゲストたちとの交流の場が設けられた。受刑者のカウンセリングを行っているという篤志面接官の一人が名刺を差し出しながら「坂上さん、あなたは性善説と性悪説のどちらを信じますか？」と聞いてきた。

よくわからないが、人間には善も悪も両方備わっていると思うから、そのどちらかだけとは言い難い。生育環境が大きいことは言うまでもないが、過酷な生い立ちであっても、その過程で適切な支援をしてくれる大人に出会えていたか否かが大きいと思う、と答えた。するとその人は、私がまだ話し終わらないうちに「あなたは善人だ」と割って入った。なんだか茶化され、見下されているような気がした。自分がもし受刑者だったら、この人に心の内を正直に話せるだろうか。

聴く耳を持たない相手に話すことほど空しいことはない。

とりわけ、自らの被害／加害体験を他者に話すことは、容易ではない。当時、集団暴行の話をするのは、私にとっては辛いことだった。事件からすでに二〇年近くたってはいたが、人前で話すのはまだまだ堪えた。私は宙を見つめながら必死で話していたと思う。

弟をいじめたことを話すのは、さらに苦しかった。加害体験となると、被害者という他者が関わってくるので、気持ちに整理がつかなくなる。他人に語ること自体が自己満足で、単なるカタルシスじゃないか、いくら語っても弟の苦しみは和らがないではないか、そんな罪悪感や無力感に駆られる。それでも、対岸の火事と見てほしくないという思いからあえて話したのだった。しかし……。

実に後味の悪い帰路だった。何のために私は刑務所に呼ばれたのか。日本の刑事政策の正当化のため？　それとも、それなりに危機感を抱いていることの現れと考えるべきなのか。

日本の刑務所では、罪を犯した人がその犯罪行為を根本的に考えるようなプログラムが不十分だ。少なくとも、当時はほとんど行われていなかったし、そのニーズに気づいているとも言い難かった。日本でも、受刑者の多くに深刻な虐待の被害体験があるはずだが、被害の有無や詳細は、直面しようとしなければ出てこないはずだ。また、自らの被害体験に向きあえなければ、加害体験に向きあうことさえ難しいというのが、私が米国での取材を通して痛感してきたことである。刑務作業や職業訓練中心の服役では、被害にも加害にも向きあえるはずがない。

彼／彼女らは、やがて釈放され、社会に戻る。恥、屈辱感、孤立感を心身に刻み込む刑務所の体験は、その後の彼／彼女らや私たちの社会に何をもたらすのだろうか。

日本初の刑務所内TC

二〇〇九年十二月、広島駅前から乗ったバスの中。私は再び刑務所を目指していた。今回の訪問先は、官（法務省）と民間（企業）による共同運営形式の、新しいタイプの刑務所だった。それはＰＦＩ（Private Finance Initiative）方式と呼ばれ、民間の資金や技術を活用して、公共施設などの建設から、維持管理、運営、公共サービスの提供までを行う事業である。日本では、一九九九年にＰＦＩ法（民間資金等の活用による公共施設等の整備等の促進に関する法律）が制定され、鉄道、道路、病院等と同様に、矯正施設もその対象になった。二〇〇七年以降、この方式の刑務所が四ヵ所誕生している。これから向かう島根県の浜田市には、その一つにあたる男性刑務所が存在する。

前述の番組を制作してから数年後、同じ米国の更生プログラムを舞台に、私はドキュメンタリー映画『Lifers ライファーズ 終身刑を超えて』[3]を製作した。その更生プログラムが、これから向かうＰＦＩ方式の刑務所にも導入されたという。この刑務所の建設や運営に関わる民間企業の幹部や関係者が、渡米して現地の視察をしたことも耳にはしていた。今回、その米国の更生施設の創設者たちが、研修目的でこの新しいＰＦＩ刑務所から招かれていた。私も講師兼通訳として招かれていたのだが、訪問するのは今回が初めてだった。

私自身は、この官民共同型の刑務所の存在に懐疑的だった。何もかも民営化してしまう国の動向は問題だと感じていたし、欧米型の民間刑務所（private prison）に関する調査研究では、様々な問題が指摘されていた。実際に、アリゾナ州やニューメキシコ州の民間刑務所を訪れたが、効率性重視で企業利益優先の姿勢に強い抵抗感を感じた。

一方、日本のＰＦＩ方式は、欧米型の民間刑務所とは異なると聞いていた。たとえば、ホームページを見ると、教育を重視し、社会復帰を積極的にサポートするプログラムを行い、地元との交流を図るなど、従来の刑務所ではできなかった新しい取組みを行うと書かれている。

とはいっても、刑務所運営の経験もノウハウもない日本の民間企業が、旧体質の国の矯正機関と共に刑務所を運営することができるのだろうか。いや、できるはずがない。しかし、ＰＦＩ刑務所はすでに一年前に開設されている。ということは、新しい更生プログラムとは名ばかりで、実際は、従来の刑務所とあまり変わらないのではないか。私の映画がきっかけとなってこのプログラムが導入されたと聞いていたが、官庁のイメージアップを図るために、私は映画を作ったわけではない。

いや、待てよ。十年前には「変わらない」と思った刑務所が、変わろうとしているのかもしれない。とにかく今までとは違う新しい試みを導入し、変化をもたらそうとすること自体、意味があるではないか。そんな自問自答を、私は頭のなかでぐるぐると繰り返していた。そして、目的地が近づくにつれ、とにかく自分の耳目で確かめてみよう、と自分自身に言い聞かせていた。

島根県浜田市旭町。広島から二時間ほどで、目的地に到着した。旭インターチェンジで降車し、小高い丘をぐるりと一回りすると、棚田風の石積が現れた。そこにはめ込まれた「島根あさひ社会復帰促進センター」のシルバープレート。さらに矢印の方向に進んでいくと、右手に平たい建物群が姿を現す。二重のフェンスと防犯カメラに囲まれた、いかにも最新鋭の刑務所という趣だ。

ただ、従来の刑務所のようなコンクリート製の塀がなく、看板にも「刑務所」の文字がないことから、知らない人が見たら、警備の行き届いた病院か高齢者の施設のような印象を受けるだろう。さらに建物に近づいていくと、その印象は強まる。外壁は薄いピンク。メインの棟はガラス張りの吹き抜けで、刑務所特有の威圧感や冷たさが感じられない造りになっている。

そのガラスドアの向こうに、馴染みの顔が見えた。米国の西南部で犯罪者の更生施設アミティ（Amity）を運営するナヤ・アービターとロッド・ムレンだ。二人とは十五年程前に取材を通して知り合った仲で、夏にも彼女たちを訪ねたばかりだった。その際にも実はこの刑務所の話は出ていたが、彼女たちは日本という異国の刑務所との関わり方を決めかねているようだった。それから数ヶ月後、私たちはしっかりと抱きしめ合いながら、まさか日本の刑務所で再会することになるなんて思ってもみなかったねと言い合った。

二人は四日前からこの刑務所を訪問していた。彼らの目には、ここがどのように映っているのだろう。はやる気持ちを抑えきれずに、さっそく印象を聞いてみた。

ロッドは一瞬戸惑った表情をし、「まだ来て数日だが」と前置きしたうえで、次のように答えた。「ここには、すでに、TCが存在している。」その横で、ナヤが続けた。「カオリも、自分の目でよく確かめてみて。」

TCとは Therapeutic Community の略で、日本では、「治療共同体」や「回復共同体」と訳されている。ある考え方や手法を使って、同じ類の問題もしくは症状を抱える人たちの回復を援助する場のことだ。多くの場合、同じ問題や症状を共有する人々が語り合うことを通して互いに援助しあう、自助グループのスタイルをとる。一九四〇年代半ばに英国の精神科医らが精神病院で始めたのが、TCの最初だと言われている。米国では、それから十年程後の一九五八年に、元アルコール依存者のチャック・ディードリックが始めたシナノンという組織によって、その後TCムーブメントと呼ばれるまでに広まっていった。

アミティは、シナノン出身者であるナヤ・アービター、ベティ・フレイズマン、ロッド・ムレンの三人が、一九八一年にアリゾナ州のツーソンで開始したNPOである。現在は、アリゾナ州、カリフォルニア州、ニューメキシコ州の三州で活動する更生施設だ。名目上は薬物依存者を対象としているが、実際は薬物にとどまらず、ありとあらゆる嗜癖問題を抱えた人々がいる。プログラムの形態は場所によって異なり、共同生活を基本とした社会復帰施設をはじめ、刑務所内プログラム、仮釈放者向けの施設や通所のプログラムなど、様々だ。

ひと言でその特徴を説明するなら、人間的な環境と多様な学びの手法によって、問題からの回復や人間的な成長を促す場だ。TCの研究で知られるハリー・ウェクスラーは、ハビリテーション（habilitation）と表現する。[4] リハビリ（rehabilitation）は医療でも頻繁に使われる言葉だが、一般には、病気やケガなどが原因で社会生活を中断した後、それ以前の状態にもどることが前提だ。一方、アミティにいる人は、以前の社会生活自体が問題だったわけだ。ゆえに、以前と同じ状態にもどることとは再犯を意味する。アミティではむしろ、以前の社会生活の何が問題であったかに気づき、基本的な生活スキルや肯定的な生き方というものを、一から学んでいく。だが、全てを否定しているわけではない。誰でも良いところはある。その良いところを伸ばしつつ、新しい社会生活を送るための学び直しをする場なのである。このTCの発想を、島根あさひ社会復帰促進センターでも取り入れているのだ。

ここは、犯罪傾向が進んでいない男性受刑者を対象とした刑務所である。まず、入所後三週間の基礎講座で、TCの基本的な概念やアプローチを学ぶ。支援員と呼ばれる民間職員がその指導にあたるのだが、驚いたことに、映画『ライファーズ』が教材の一部になっていた。二〇〇九年十二月当時、収容されていた一〇〇〇人余りの受刑者が、私の作ったアミティに関する映画を観ていたことになる。基礎講座の後は、いくつかの選択肢に分かれる。どのプログラムに配属されようと、基本的に何らかの刑務作業は課されているが、教育に重点を置いているのが特徴だ。各種職業訓練の他に、盲導犬や馬など動物の世話をする教育プログラムも用意されている。

TCも教育プログラムの一つだ。私が訪問した当時、四〇名程度の受刑者が自ら望んでこのプログラムに参加していた。三ヶ月から一年半程の間、TCユニットと呼ばれる居住区で寝食を共にしながら、週に三回、半日ずつのプログラムを行う。教室のドアが開いた瞬間、私は面食らった。

おはようございます！　元気の良い声があちこちからあがった。黄色の明るい制服を着た二〇名強の受刑者が円座になって座り、語り合っていたのだ。全員の視線が私に集中する。笑顔でぺこりとおじぎをする人、興味津々で私の顔をのぞきこもうとする人、皆イキイキしている。ナヤとロッドはその輪のなかで皆と同じように座っていた。ナヤは笑みをたたえてこちらを振り返り、教室を見渡し「どう思う？」と目で合図してきた。彼女自身、十代の頃に刑務所に服役した体験を持つ元受刑者だ。以前来日した際に、いくつかの矯正施設を回ったこともあり、日本の矯正文化についても多少は馴染みがある。

　私は、ただただ圧倒されて立ち尽くしていた。受刑者たちは、誰に言われるともなく輪の中に椅子を一つ加え、私の席を用意してくれた。ユニット担当の支援員（民間の職員）から、『ライファーズ』の監督の坂上さんです」と紹介される。そのとたん手が挙がった。映画について質問してもいいかという。支援員も私さえよければぜひにという。映画についてのディスカッションが始まった。争うようにして、次々と手が挙がる。登場人物たちはどうしているのか、被害者遺族はその後どうなったか、映画の制作で苦労した点は何だったかなど。主人公の一人が釈放されたと報告すると、教室は拍手と歓声に包まれた。胸があつくなった。

　ここでは、何もかもに驚いた。まず、受刑者同士が、受刑者と支援員が、お互いを名前で、しかも「さん」付けで呼び合っている。以前の日本の矯正施設では考えられないことだった。おまけに、「TC」「治療共同体」「回復共同体」といった言葉が、教室内を飛び交っている。日本語に翻訳されたアミティのテキストは、書き込みや下線でぎっしりだ。用語がわかりづらい、このページのこの段落の意味を説明してほしいなど、意見や疑問がどんどん出てくる。仲間の質問に対して、白板を使ってイラスト入りで自分なりの解釈や意見を説明する受刑者までいる。ナヤとロッドもそんな様子に圧倒されているようだった。

　しかし、ここは民間との共同運営といえども、日本の刑務所に変わりはない。規律と管理を最優先する場だ。実際、警備はハイテク化され、従来の刑務所より厳重だ。TCの運営は、決して容易ではないはずだ。

目の前で展開している光景を前に、「ありえない」という言葉が頭のなかでこだました。

蒔かれた種

実は、私と友人たちは、十年程前からアミティのスタッフを何度か日本に招いていた。最初は、前述の女性刑務所で講演をしてからおよそ一年後のことである。あの苦い経験が、私を後押しする重要な動機になったのだ。私は一九九五年以降、繰り返しアミティを訪問し、TCのアプローチは刑務所だけではなく、日本社会一般に必要なものだという思いを強めていた。そして、日本でも、実際にスタッフから話を聞いたり、その手法に触れる機会を作ろうと決意した。

ただし、一人ではできない。関心を持ちそうな人に片端から声をかけ、アミティのスタッフを日本に招こうと持ちかけた。実際に呼応してくれたのは十数名だったが、主婦、大学生、研究者、人権NPOの職員、性暴力の被害者支援者、弁護士など、多様な背景を持つ人々が集まり、実行母体を作った。「アミティ日本招へい全国実行委員会」と名付け、数ヶ月で必要な寄付を集めた。実行委員会には、東京だけではなく、名古屋、京都、仙台など、各地の知人にも加わってもらった。様々な地域の住民と対話する場を持ちたいと思ったからだ。

二〇〇〇年四月。ナヤと、もう一人の創設者であるベティ・フレイズマン(5)の二人が来日した。全国八ヵ所をまわり、二〇〇〇名を超える来場者があった。元受刑者、受刑者の家族、犯罪被害者や遺族、ひきこもりの青年、様々な依存症を抱える人々とその家族……。まさに、ニーズとは掘り起こさなければ出てこないのだと実感させられる二週間だった。

それまで多くの人から、日本は欧米のように言語で表現する文化ではないから、語り合いを基本とするアミティの手法は難しいと言われていた。やってみないとわからないと反発しつつも、どこかで無理なのかもしれないという気持ちもあった。そんな不安が覆ったのが、仙台の企画だった。

仙台ではナヤとベティの講演会の他に、公開のワークショップを行った。地元の有志が主体となり、五〇名程度の参加者が集まった。そこで浮かびあがってきたのは「いじめ」という問題だった。学校や職場でのいじめから、嫁姑問題や差別など、立場の弱い者が一方的に嫌がらせを受け苦しんだ体験のある人が大半だった。自分に直接被害が及んでいなくとも、子どもや家族の誰かがいじめの被害にあっていた。ゲームをしたり、サークルになってグループで話をするなかで、溜め込んできた感情が溢れだし、それぞれが語り始めた。年齢も性別も社会的地位も関係なかった。しかも、大半の人が誰にも語る場がないまま、何年も、何十年もそのことに苦しめられ続けていた。いじめという体験が、これほどまでに私たちの社会に影響を与えているのだということを目の当りにさせられた。同時に、安心して語ることのできる環境さえ用意できれば、年齢、性別、社会的背景に関係なく、対等に語り合えるのだと実感した。

日本でもできる。この実感は、やがて確信へと変わっていく。

その後、実行委員会は「アミティを学ぶ会」と名を改め[6]、継続的な活動を行っていった。そして勉強会などを通して、被害、加害の垣根を越えた国内の「当事者」に出会っていく。様々な分野ですでにTC的発想で活動している他団体と出会い、共催イベントやワークショップなどを重ね、経験の蓄積を共有するために出版も行った。アミティとの行き来も続けた。それらは映画という形になり、さらには、被害や加害の体験を持つ子どもや女性との表現活動や、矯正施設におけるアートワークショップにもつながっていった(7)。アミティが提示する人間的回復や成長という発想を、いかに日本で根付かせることができるだろうか。私たちはそんな問いを投げかけながら、旅の途上で種を蒔き続けてきたのだと思う。

島根あさひ社会復帰促進センター。刑務所という思いもよらぬ場所で、いや、最も不可能に思えた場所で、蒔かれた種を、それぞれの方法で、大切に育もうとしている人々がいた。

二〇〇九年十二月七日。この日、ナヤが講演をすることになっていた。体育館のあちこちから、白い息があがる。手をひざに乗せ、背筋を伸ばして一心に聞き入る人々。聴衆は、一〇〇〇人余りの受刑者だった。ナヤが彼らに語りかける。

蓮の花を見たことがあるだろうか。水面に顔を出すピンクや白のエキゾチックな花。蓮は、泥の中に根をはり、美しい花を咲かせる。花によっては何百年もの月日をかけて泥の中で育まれるが、泥の色に染まったりはしない。

罪を犯してここに辿り着いた皆は、泥の中にいるのかもしれない。光が見えず、不安に駆られることも多いだろう。だが、かつて同じ暗闇に身を置いていた私にはわかる。この泥が思いもよらない力を持っていることを。そして、美しい花を咲かすことができるかどうかは、ここにいる私たち一人一人にかかっているということも。

第二章　ツーソン

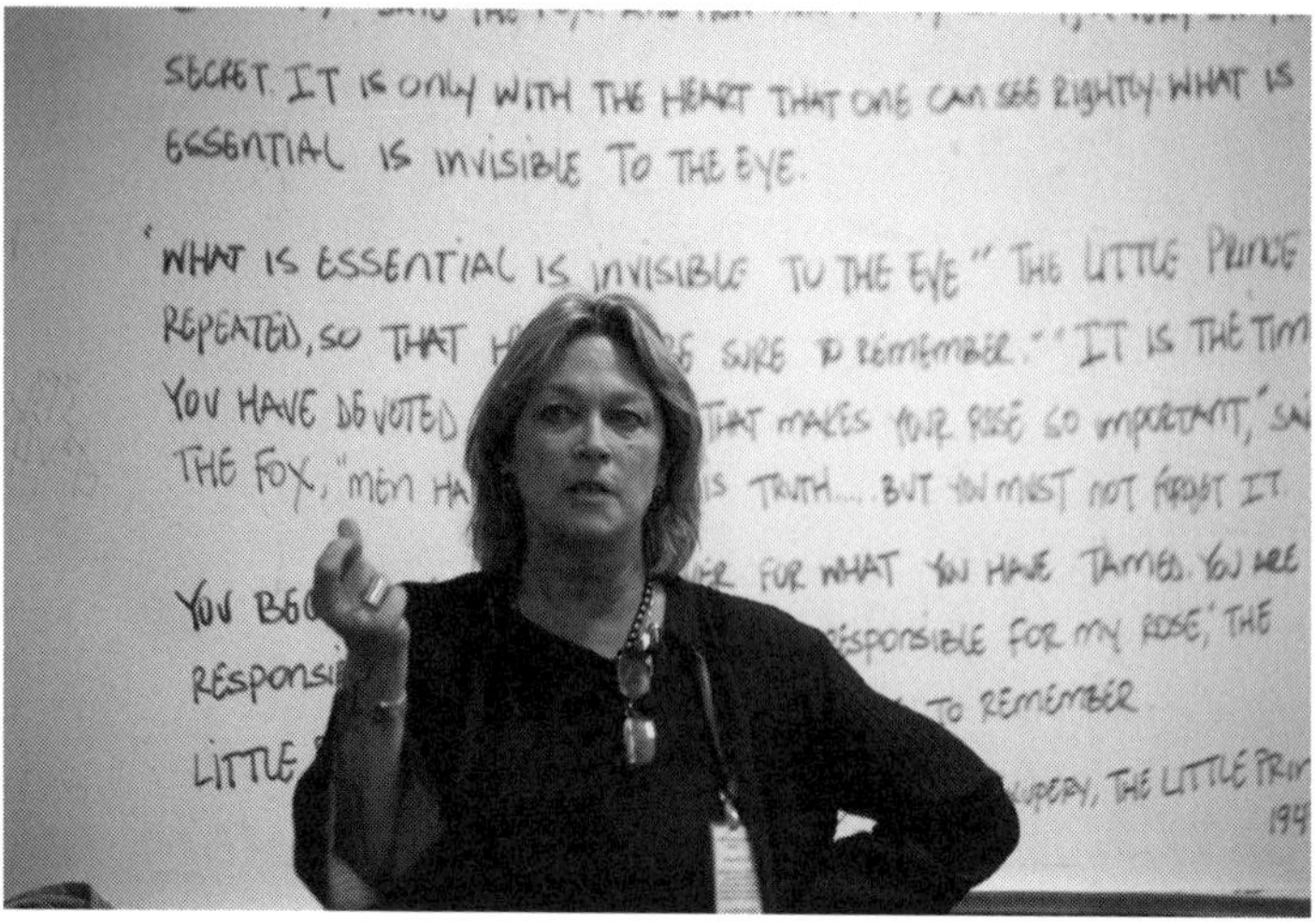

photo by Rod Mullen

ひどい目に合わされた子どもは誰でも、自分がこうむった暴行、遺棄、惑乱をすべて抑圧してしまうものです。そうでなければ、子どもの生体はあまりにも激しい痛みを処理しきれず、死んでしまうかもしれません。成人して初めて抑圧以外の方法で、自分の激しい感情に対処できるようになるのです。ところが、その新しいやり方をしないと、かつては生命を救う働きをした抑圧が、危険な、破壊的かつ自己破壊的な力に変質してしまいます。

アリス・ミラー(1)

アミティへの旅

米国南西部、アリゾナ州ツーソン。

私がこの地を初めて訪れたのは、今から十七年前の一九九五年九月のことだった。LAから小型機に乗り継ぎ、ツーソン国際空港に降り立ったのは暑い盛りの午後だった。

飛行機のタラップを降りながら、体の内部がカーッと熱くなった。四〇度を超える気温と頭上から降り注ぐ強い日差し、直射日光で灼けた地面からの反射熱にクラクラしたことを思い出す。

今回の旅の目的地は、ツーソンにある薬物依存者や暴力の問題を抱える人々の更生施設アミティ。あるテレビ番組の事前調査だった。たくさんある取材候補の一つだったから、償いと回復をめぐる重要な道標がこれから向かう先で私を待ち受けているとは、思いも及ばなかった。

しかも、私はアミティについてほとんど知識を持ち合わせていなかった。当時、日本では関連の研究がまだ進んでおらず、今のようにインターネットで検索すれば大抵の情報にアクセスできるという時代ではなかった。唯一の手がかりは、アミティからファクスで送ってもらった数ページの資料のみ。そこが民間が運営する犯罪者の更生施設であるということ、そして再犯率の低さで全米の矯正機関から注目を浴びていることぐらいしか把握していなかった。更生施設といえば、官主導の刑務所しか知らなかったから、塀に囲まれた閉鎖的な空間をイメージしていた。

翌朝、住所を記した紙切れと地図を握りしめて、タクシーに乗った。私は学生時代の六年半を米国の東部で暮らしたが、南西部の地形や文化には馴染みがなく、見るものすべてが物珍しかった。なかでもフリーウェイ沿いに立ち並ぶ、背丈の二倍はゆうにありそうな巨大なサボテンと、広大な土地に目を奪われた。人の姿が全くないダウンタウンにも驚いた。四〇度前後の気温だから無理もないが、それにしても人が一人も歩いていない日中の繁華街というのは不気味だった。

突然、視界に黒人男性の姿が入ってきた。胸には「ホームレス、空腹」と殴り書きされた段ボールの切れ端が掲げられていた。汗と砂埃で汚れたよれよれのTシャツとズボンを身につけ、片手でプラスチックのカップを差し出し、力なく、ただ道端に立っていた。しばらくいくと、バス停に人影が見えた。直射日光のあたるベンチで、ひたすらバスを待つラテン系と東南アジア系とおぼしき人々。その前を車がビュンビュン猛スピードで通り過ぎてゆく。そして、数ブロック先の信号付近には、痩せこけた白人女性が、蛍光色の帽子とベストを着て何かを売っていた。

新聞売りだと運転手が教えてくれた。一部たったの二五セント。彼女の儲けはその半分、日本円にして十円にもならないだろう。その仕事だけで暮らせるとは思えない。目立つ服装をしているのは、車にはねられるのを防ぐためだ。そんなことを運転手は説明してくれた。実際、道路を横切ろうとして命を落とす人が跡を絶たず、その大半が車を持てない貧しい人々だ。

「彼らのことなんて、誰も気に留めちゃいないのさ」と、運転手はいともあっさりと言った。新聞売りの姿はもう見えなくなっていた。

むき出しの炎天下で、陽にさらされる人々。「誰も気に留めない」彼らには、日よけさえない。身を守るのは、せいぜい人目につく服装ぐらいだ。その前を、冷房の効いた車が無関心に走り過ぎてゆく。私たちもその一人だ。目的地に到着する前から、気がふさいだ。

四〇分ぐらい走っただろうか。いつの間にか、ショッピングセンターや住宅街は影を潜め、農場スタイルの家がぽつぽつと建っている程度の、砂漠の荒野へと景色を変えていた。干上がった川、その上にかかる橋を越えると、紙切れの住所と一致する番地が見えてきた。タクシーはスピードを落とし、ドライブウェイに入る。前方には、砂漠のなかのオアシスとでも呼びたくなるような緑地帯が広がっていた。運転手は到着したと言い、メーターを切った。しかし、私はそんなはずはないと言い張った。

暖色系のアーチ型の門、その先に長く伸びた歩道、奥から聞こえる音楽と楽しげな声、サボテンと木々が茂る自然に満ちた環境。目の前にある場所は、どう見てもリゾート地だ。私は手に握っていた紙切れと地図を運転手に指し示し、近辺に別の施設がないか確認してほしいと頼んだ。

その時、アーチをくぐり抜けて、マウンテンバイクに乗った男性がこちらに向かってきた。白いタンクトップにショーツをはいた体格のいいその男性は、笑顔でこう言った。

「ハーイ、ようこそ、アミティへ！」

よく見ると、筋骨隆々の肩からサンダル履きの足首すれすれまで入れ墨だらけだった。日本から来たジャーナリストかと聞かれ、呆気にとられながら私はうなずいた。思いもよらない出迎えと、ここが更生施設であるという事実に私は面食らった。

三〇代のその男性は、スコッティという名前で、アミティのスタッフを目指して研修中のインターンだった。その日一日、私のガイド役を任されているので、何でも聞いてくれという。彼自身、元薬物依存者で、刑務所から出てまだ一年半だと言った。プログラムを修了したばかりだという。耳を疑った。罪を犯した人が処遇する側にまわる？　当時の私には想像すらできないことだった。

私はスコッティに案内され、ゲートをくぐった。まずは入口の建物で身元のチェックを受けたが、すでに話が通っていたこともあってか、名前と所属と時間の記帳のみという簡単な手続きだった。警備員には到底見えないラフな服装の男性は、私が日本から来たことを知ると流暢な日本語で挨拶してきた。母親が日本人だという。軍人だった父親の仕事で日本の米軍基地で暮らしたことがあるのだが、日本語はかなり忘れてしまったと残念がった。

敷地は五六エーカー（東京ドーム約四個分）と広大で、現在一〇〇人余りがプログラムに参加し、共同生活していること。参加者のことをレジデント（居住者）と呼ぶこと。警備員の男性はまだ来て間もないレジデントで、回復途上の薬物依存者であること。施設の運営から管理まで、ほとんどの役割をレジデントたちが順番で担当することなどを、二人は説明してくれた。新入りの男性はスコッティに「しっかり案内しろよ」と声をかけ、私には「楽しい一日を！」と手を振った。二人に上下関係は全く感じられなかった。

あちこちで放水するスプリンクラー、手入れの行き届いた木々や植物、パステルカラーのレンガ造りの建物、個性的なメキシカンタイルが敷き詰められた歩道、円を描くように置かれたベンチとその中央にある噴水……。暖かみのある、居心地の良い環境に目を疑った。さらに前方からは、明るい音楽と人のざわめきがどんどん近づいてくる。数ヵ所で煙があがっていた。いい匂いもした。

この日はメキシコのお祭りの日で、バーベキューをしているという。彼らの横を通りかかると、ニコニコと手をふり、焼きたての牛肉やチキンを指して、食べないかとフレンドリーに声をかけてくる。「こんな炎天下じゃ、肉が焼き上がる前に俺のほうが焼き上がっちまう」と笑わせてくれる人もいた。皆カジュアルな服装で楽しげだ。くす玉割りに似たピニャータというメキシコの遊びをしている子どもたちもいた。目隠しをされて棒を振り回す子の周囲を、子どもたちがキャッキャと声をたてて走りまわっていた。

ここは、三ヶ月から一年半の滞在を基本とする居住型の社会復帰施設である。敷地内に母子専用の居住空間もある。参加者の顔ぶれはその時々で変わるが、当時は、禁固刑の代替として送られてくる初犯の薬物依存者、病院や福祉機関からの紹介で送られてくる人、仮釈放中の人が多かった。(2)

数は少ないが、個人で希望して参加する人々もいる。日中は大学へ通ったり、仕事に行く人もいた。犬や猫の他に、リャマやウサギなどの小動物も飼っていて、面倒を見るということも役割の一つだ。他州にも施設があり、通所型やアウトリーチ型、刑務所内プログラムや仮釈放者限定の施設など、複数のプログラムを運営している。活動の基本はグループで自らの体験やそれに伴う感情を語ることだが、段階やテーマごとにワークブックがあり、定期的に集中型のワークショップ（二、三日）やリトリート（一週間程度）などを行う独自のカリキュラムを有している。

ツーソンのこの施設は、「サークル・ツリー牧場」と呼ばれていた。敷地内のパビリオンと呼ばれる場所が名前の由来だという。そこはアウトドア型の集会場で、中央の大木が、パビリオンをパラソルのように覆っていた。その下にはベンチが円を描くように設置され、さらにそれらを囲むようにして、マリア像、仏像、小さな祭壇、顔写真とその人物の生きた証としての墓石のようなものがいくつか置かれていた。アミティは特定の宗教を持たないが、参加者それぞれの宗教を尊重していることが伝わってくる。パビリオンは、主にセレモニーに使われるが、瞑想したい時、一人で考えたい時、祈りたい時などに個人が自由に立ち寄れる場所でもある。スコッティも心がざわざわしたり、急に強い感情がこみ上げてきたりすると、かならずこのパビリオンを訪れるのだという。不思議と心が落ち着くスピリチュアルな空間だと言った。

ここが更生施設？　ここにいるのは皆、法を犯した人たち？　なぜそんなに楽しそうなのか？　なぜ、そんなにフレンドリーなのか？　しかもスタッフとレジデントの見分けもつかない。そして、犯罪更生施設にスピリチュアルな空間？　私は混乱していたと思う。目の前の光景は、今まで見て来た刑務所や少年院といった矯正施設とあまりにもかけ離れていた。高い塀、灰色の建物、監視塔、金属探知機、制服、整列、怒号、厳しい表情……。そのいずれもここには存在しない。なぜ？　という問いが後から後から押し寄せてきた。

スコッティは、「スタッフがお待ちかねだ」と言い、ネイティブアメリカン風の、素朴な建物に私を連れていった。一階のパティオ部分にはパラソルのついた丸テーブルが並び、その奥にはキッチンとダイニングルームがあった。光がたっぷり入るダイニングはレストランかホテルといっても通用する造りで、木製の丸テーブルとお揃いのチェアがゆったりと配置されていた。全てレジデントの手作りだという。

スコッティの説明の間中、気がかりなことがあった。ダイニングの片隅で、身体じゅうから苦しみのオーラを放って泣き続ける女性と、その傍らに座って肩を抱いている女性の姿。何があったのかはわからないが、深刻な問題を抱えていることは、察することができる。その姿は外の様子とは対照的に、ここが単なる避暑地ではないことを物語っていた。

建物には、グループで話し合うための部屋がいくつもあった。その一つで、スタッフはミーティング中だという。部屋のドアがあくと、円形の平たいテーブルを囲んで十人ぐらいの男女が座っていた。視線が私たちに集中する。スコッティが私を連れてきたことを告げると、「ようこそ」とそれぞれが口にしながら、立ち上がった。皆にこやかで、私の訪問を歓迎してくれていることがうかがえた。代表者の女性が近寄ってきて私に握手を求めた。そして、いたずらっぽく囁いた。

「あなたが、アリス・ミラーが送ってきた使者《メッセンジャー》ね。」

アリス・ミラーの伝言

アミティとの出会いを取り持ってくれたのは、世界的に著名な元精神分析医のアリス・ミラーだった。ミラーは、「暴力の世代間連鎖」という問題に着目し、一九七〇年代から数々の著作を通して世界に警告を発してきた。彼女の考え方はこうだ。子ども時代に受けた深刻なトラウマを放置していると、成人後の暴力傾向を促し、それが世代を越えて脈々と受け継がれてしまう。ここでいう暴力とは、他害はもちろんのこと、自傷行為や薬物依存など、自分に向くものも含まれる。その暴力の悪循環を断ち切るためには、子ども時代の記憶に立ち戻り、受け止める必要がある。

私は、一九九〇年代初頭、本屋で彼女の著作『魂の殺人――親は子どもに何をしたか』[3]を手にして衝撃を受けた。大量虐殺を行ったヒトラーや残虐な殺人を犯した死刑囚など、実在する人物の事例を通して、彼らがいかなる環境下で育ち、いかにしてそのような価値観に至ったのかが明解に分析されていたからである。

当時マスメディアを賑わしていたいくつかの凶悪事件の背景を説明しているようにも思えたし、しつけや教育という名の下に、未だに体罰や精神的抑圧が当然のこととして行われている日本社会の日常にも重なって見えた。何よりも、彼女の考え方は、現代が抱える様々な課題への重要なヒントになると感じた。

テレビ番組の制作会社に勤めていた私は、あるテレビ局にミラーのインタビューを軸にした企画を提案した。(4) そして、あとは彼女本人からの取材許可を得れば企画成立という段階まできていた。ただ、肝心のミラーとは連絡さえとれていなかった。

実は、私は取材依頼をドイツの出版社宛に一年以上、毎月のように送り続けていた。手紙のなかで、戸塚ヨットスクール事件、校門圧死事件、数々の少年事件、いじめや不登校をめぐる事情など、日本の教育現場や家庭における社会現象や事件とともに、私自身の息苦しかった子ども時代についても触れた。幼い頃から将来の職業をバイオリンの先生か保母と決められ、それに沿った人生計画がたてられていたこと。厳しく「しつけ」られ、体罰や言語による暴力も酷かったこと。中学では集団リンチにあったが、学校は何の対応もせず、見殺しにされたこと。家にも学校にも居場所が見いだせず、鬱屈した思春期を送ったこと。そういったことが、日本では決して珍しくないこと。だからこそ、ミラーの考え方を日本に紹介することが重要であることなどを繰り返し訴えた。

一年余りが過ぎたある日、私が勤めていた制作会社に突然、ミラー本人から電話がかかってきた。企画の趣旨には賛同する。私の熱意にも心が動かないではない。だが、絶対テレビには出ないと決めている。悪いが自分を抜きにした形で番組を進めてほしい。きっぱりとした取材拒否だった。

しかし、ミラー本人から直接電話をもらったことに、私は一筋の光を感じていた。というのも、直接会って説得すれば、取材を受けてくれるかもしれないという助言を、ある知人から受けていたからだった。そんな希望的観測だけで、私は彼女の暮らす欧州に飛んだ。会えるという保証はなく、全くの賭けである。助言に従って、私自身の宿泊先の電話番号と共に、気が向いたら電話をほしいという手紙を送った。今から考えればかなり無謀なことをしたと思うが、その結果、ミラーから連絡が入り、本人と直接会うことができたのだった。

南欧の美しい田舎町。樹齢五〇〇年といわれるプラタナスの並木が続く町の大通りには、洒落たカフェが並んでいた。そこから少しはずれた農業地帯に、ミラーが指定した家族経営の小ぎれいなペンションはあった。

ミラーは、私がわざわざ日本からやってきたことをねぎらってくれたが、テレビに出演することに関しては、相変わらず頑に拒んでいた。以前一度だけドイツのテレビ局に取材を許可したことがあったが、放映直前に放送を禁じたという。主張がねじ曲げられているように感じたのがその理由だった。以降、テレビの取材は一切受けないことにしたと言った。

ただ、私の番組企画については強い共感を覚えると言ってくれた。そして、当人が登場しなくても成立するようにとの配慮から、アドレス帳とファイルを持参し、ミラーの考えに基づいた活動を行っている人々を次々と紹介してくれたのだった。彼女の著書をモチーフにした戯曲を手がけているスウェーデン人の脚本家、チューリッヒの精神科医、フランス郊外の刑務所でアートセラピーを行うアーチスト、授業にミラーの考えを導入しているパリ郊外の小学校の教師、パリ市内に開設された「虐待された子どものための電話相談室」……。このリストのなかに、米国の犯罪者の更生施設に暮らす一人の男性がいた。ミラーは数ヶ月前に届いたという彼の手紙を取り出し、読み上げた。

送り主は、エディという名の六〇代の男性。かつて『VOGUE』などのファッション誌のグラビアを撮る一流の商業カメラマンだった。薬物の問題で、通算三〇年を超える服役をしてきたという。人生の半分以上が刑務所暮らしだったことになる。

出所時には、もう二度と薬物に手を出すまい、と誓う。しかし、数週間とたたないうちに、社会で生きていくのがつらくなり、再び手を出してしまう。そんなことを何度も繰り返し、過剰摂取で何度か死にそうにもなった。そして、いつの間にか、刑務所での生活が当たり前になってしまっていた。エディは、六〇歳を過ぎて釈放されることになった時、もう後はないと思った。刑務所を終の住処にしたくなかった。仮釈放者の受け入れをしているアミティの噂を耳にし、自ら希望してやって来たのだった。

アミティに暮らし始めてから一年以上が過ぎるが、一度も薬物に手を出していないという。エディにとっては、今までで最も長いクリーン（薬物を使わない状態）の期間だ。人間的な環境や、子ども時代の体験や感情に光を当てるミラーの考え方に沿ったやり方が、今まで不可能と思われたことを可能にしているのだと思う。精神状態も今までになく、とても落ち着いている。彼の手紙は、希望を与えてくれたミラーに対する感謝の言葉で締めくくられていた。

私はこのアミティという更生施設に強く惹かれた。彼が三〇年以上断てなかった薬物をやめることを可能にしているのは一体何なのか、ミラーの考え方をどのように適用しているのか、実際に見てみたいと思った。そのことを伝えると、彼女は目の前でアミティに電話を入れた。そして代表者に直接かけあい、私の訪問を取り付けてくれたのだった。ミラーは「報告を心待ちにしている」と言い、一ヶ月後、私は米国に飛んだ。

アリゾナ州ツーソン。砂漠地帯の只中にある犯罪者の更生施設アミティ。その一室に私はいた。十人程のスタッフが、私と案内役のスコッティを取り囲んで立っていた。その中には、代表者のナヤ・アービターも含まれていた。彼女が自己紹介の口火を切った。

十代半ばでヘロイン依存になり、刑務所に複数回服役した。その頃は他者に対する共感が全く湧かなかった。その背景には実父による性的虐待、DV、母親と継父による精神的虐待などがあった。十八歳の時に、様々な問題を抱える人々が互いに作用しあって問題行動からの回復を促すTC(5)につながり、薬物を断った。そこで人間的に成長する機会に恵まれ、初めて他者に対する関心が湧くようになった。十年後、そこを離れてアミティを創設した。ナヤは、矢継ぎ早に語った。そして、ミラーが送ってきた私という人間にとても興味を持っていると締めくくった。自己紹介と呼ぶにはあまりにも深刻な内容だった。

他のスタッフも彼女の後に続いた。逮捕歴や服役年数、罪状、薬物やギャンブルなどの嗜癖歴、性被害、DVの加害／被害、売春、近親者からの虐待と、壮絶な体験が、これでもか、と語られていく。最後はたいてい今の心境、訪問者である私への歓迎など肯定的な言葉で締めくくられた。驚かされたのは、一人せいぜい二、三分という短い時間で語ることだ。彼女たちの口から出てくる凄まじい体験と、落ち着いた語り口や雰囲気。そのギャップに私は圧倒されていた。

その場にいたスタッフは、一人を除く全員が元受刑者で、かつて深刻な問題を抱えていた当事者だった。受刑体験のない一人も、法を犯す行為に至っていないだけで、十分当事者だと思った。家族に受刑者がいたし、子ども時代には深刻な虐待にあって苦しんでいた。セックスやギャンブルに依存した時期もあった。そして、何よりも、それらを自分の問題として引き受けていた。

最後に、私にも自己紹介の順番がまわってきた。ミラーからは報告を楽しみにしていると言われたが、何もかもが衝撃的すぎて受け止めきれていない。皆の壮絶な体験談の後では、自分には紹介することが何もない気がすると言った。皆ドッと笑った。私は正直な感想を口にしたに過ぎなかったが、それまでの緊張が緩み、どこかホッとしてもいた。

壮絶な過去と、それを全く感じさせない現在。この二つの地点の間に、いったい何が、どんな風に起こったのか。それはいかなる思想に基づいて行われているのか、私は知りたいと思った。

ナヤのストーリー

アミティが活動を開始したのは今から三一年前の一九八一年。米国の司法政策における厳罰化は一九七〇年代のニクソン政権からすでに始まっていたが、アミティの誕生は、レーガン政権に移行し、「ドラッグ・ウォー」と呼ばれる麻薬撲滅政策が開始され、厳罰化傾向が激化し始めた時期と重なる。刑務所人口が急増し始めたのも一九八〇年代初期である。ラテン語で友情や友愛を意味するアミティの名称は、それ自体がこの更生施設の思想でもあり、厳罰化という主流の価値観とは対極に位置することを示している。

米国には、依存症者の治療を目的とした施設が数多く存在するが、アミティとそれらとの大きな違いは、単に問題行動を止めるのではなく、人間的な成長を目指すところにあるといえる。そこに欠かせないのが、人とのつながりだ。大半のレジデントたちは、ここにたどり着くまでの間に他者を傷つけているが、その以前に自らが深く傷つき、人間不信に陥っている。家族や親族との関係はとっくの昔に断たれ、友人や知人と呼べる人もほとんどいない。いたとしても、利益のために利用しあうような関係だ。自分への関心が薄く、総じて人生に投げやりだ。アミティでは、そんなレジデントたちが、自分や他者に関心を持てるように促すところから始める。

アミティの思想や活動は、創設者の一人であるナヤの体験と発想に拠るところが大きい。彼女自身、かつて服役中の隣の房で受刑者が死にかけていても気にならないほど、無関心だった。「無関心から他者への共感」というアミティのモットーは、まさにナヤ自身の旅路そのものだった。

子どもの頃の私は、被害者であり、目撃者でした。私は母親にとって、十四年にわたる荒れた結婚生活を思い起こさせる、歓迎されない存在だったのです。私の顔が、母親より父親似だったことも関係していると思います。私という存在が、母にとっては憎しみの対象と化した父親を、常に思い起こさせるものだったに違いありません。思春期に入ると、私は被害者から加害者へと転じました。私が実の父からレイプされ続けたのは、それを見て見ぬ振りをした母親のせいだということを、彼女自身に強引なまでに認めさせようとしました。私という子育てに失敗したツケを、母親に支払わせようとしました。私は自己破壊的になりましたが、同時にそんな自らの行動を止めてほしいと願ってもいました。しかし、いくらあがいても無駄でした。彼女が否定すればするほど、私は自己破壊的になっていきました。(6)

母親は大学教授という社会的地位の高い男性と再婚するが、ナヤにとって状況は一向に良くならなかった。継父は、ナヤを車の助手席に座らせ崖道スレスレに走らせたり、地下鉄のホームで突き落とそうとしたりと、恐怖を味わわせる不可解な行動をとった。母親は相変わらず、見て見ぬ振りをし続けた。

十六歳の時、私は凄惨なレイプにあいました。警察で私は、しばらく放置されていました。母親と継父は何時間も訪れず、身体のあちこちから、血が流れ続けていました。ようやく私を連れに来た母は、家に戻る途中、レンガで叩かれて膨れあがった私の顔をにらみつけながら「なんてことしてくれたの?」と繰り返し問いつめるのでした。左目しか見えないぐらい膨れ上がった顔をしていたのに。数年後、母はその時の自らの言動を否定しました。かつて実父のいるトイレのなかに、私を何時間も放置し、性的虐待を見て見ぬふりをしていたことを否定していたのと同じことが起こったのです。母は父と私の間に何が起こっていたのか、知っていたはずです。けれども当時の彼女の対応は、ドアの下に「夕食の支度ができました」というメモをすべりこませることだったのです。(7)

ミラーと同様、多くの問題行動の背景には、放置されてきた子ども時代の被害体験が大きく影響しているとナヤは考える。このように、子ども時代から一人の人間として当たり前に生きる権利を奪われてきた人々に共通してみられる「症状」を、ナヤは「子ども時代を剥奪された者の文化」と名付けた。

〈子ども時代を剝奪された者の文化〉に身を置く人々は、売春や薬物依存に見られるような〈自分に向けた暴力〉か、または傷害やレイプといった〈他者への暴力〉といった〈症状〉を見せます。これは、国境を越え、共通して見られる〈症状〉ですが、彼らは、主流の精神医学や心理学的な治療のパラダイムでは、理解も説明も不可能な体験をしてきた人々なのです。実際に体験してきたことであっても、医者や専門家と呼ばれる人々に〈まさか〉〈そんなことありえない〉と思われ、信じてもらえないことが多々あります。アメリカは、そんな彼らを心理的に拒絶してきました。そして、問題から目を背けるために、彼らを刑務所に閉じ込めてしまったわけです。(8)

まさに「子ども時代を剝奪された者の文化」を生き延びてきたナヤは、ヘロインを十四歳で使い始めた。そして十八歳になるまで繰り返し捕まり、その度に指紋をとられ、観察され、鑑別され、分類され、書類を作成され、施設へ移送され、非行少年や犯罪者のレッテルを貼られるということを繰り返してきたのだった。判決には「更生不可能」と書かれ、矯正職員には「人間の屑」呼ばわりされた。親には家族の恥として厄介者扱いされた。そして、悪いのは全て自分だと自らを責めていた。いくら捕まってもナヤが薬物の使用や密売を止めなかったのは、自らの苦しみを、それがたとえ一瞬だったとしても、忘れさせてくれるのがヘロインと売人だったからだという。日本でも、自傷行為に走る若者たちが、「血が流れているときだけ、生きている気がする」と発言することがあるが、それは、ナヤの「自宅よりも刑務所の方が真実味があって、現実的に感じられた」という当時の状態に置き換えられる。言い換えると、子どもという無力な存在にとって、薬物や自傷行為は生き延びるための方法だったと言えるのかもしれない。

ナヤの思春期は波乱に満ちていた。彼女はメキシコと米国両国をまたぐ、大掛かりな薬物の密輸に関わっていたが、三トンものマリファナをトラックでメキシコから米国に輸送しようとしているところを複数の仲間と共に逮捕される。弱冠十七歳の彼女は、メキシコの刑務所に五ヶ月間収容される。まともな食事や医療も与えられず、拷問ともいえる非人道的な扱いを受け続けた。同じ房に居た受刑者は数週間で精神を病んでしまったという。ナヤは精神的には何とか持ちこたえたものの、釈放と同時に違法薬物の売買に戻ってしまう。数ヶ月後、今度は米国側のノガレスという町でFBIに逮捕される。ヘロインの大量密輸だった。未成年にもかかわらず、五年の禁固刑を命じられた。

ナヤがシナノンという先駆的なTCの存在を知ったのは、刑務所に移送される前の拘置所だった。独房に入れられていた彼女は、雑誌『LIFE』の特集記事に釘付けになった。カリフォルニアのサンタモニカにある施設で一〇〇〇人を超える薬物依存者が共に暮らし、依存症からの回復を求めて助け合う様子が写真と共に紹介されていたのである。社会に居場所を見いだせず、薬物漬けの状態から足を洗いたいと思うようになっていたナヤは、その場所に希望を感じた。そして、五年間の懲役刑をシナノンでの滞在に振り替えてもらうよう、保護観察官を説得した。異例の許可が下り、サンフランシスコ行きの飛行機に搭乗したのは、十八歳を迎えた直後の一九七〇年のことだった。

それからおよそ十年、ナヤはシナノンに身を置くことになる。そこで、薬物をはじめとするあらゆる問題の「当事者」、心理学者や犯罪学者といった専門家、音楽家やアーチストなど、様々な人々と出会い、語り合った。さらには、シナノン・ゲームと呼ばれる実験的で挑発的なグループメソッドや、心理劇、音楽や芸術活動、セレモニー、多様な役割を担うことを通して、自らの過去と対峙し、問題行動のからくりを理解していった。[9]

人は自らが受けた傷を越えて、いかに成長することができるか。犯した罪に、いかに向きあうことができるのか。暴力に満ちた世界を、いかに変えられるのか。TCのアプローチはこれらの問いに、いかに応えることができるか。かつて「更生不可能」「人間の屑」とレッテルを貼られ、全てに無関心だったナヤが、シナノンでの十年を経て、アミティという新しい旅路に託した課題である。

番号から名前への旅

話をツーソンのアミティに戻そう。

アミティでは、プログラムの運営に関わるスタッフのことを「デモンストレーター（体現者）」と呼ぶ。その大半が当事者である。彼らは、「人は変わることができる」ということを、かつての自分や現在の生き様を示すことによって体現するという重要な役割を担っている。デモンストレーターは通常、アミティの修了者であるが、他のTC出身者もいる。いずれにせよ、デモンストレーターは、ある共同体で人間的成長を体験した者でなければならない。いかなる人生を送ってきたか、どんな問題を抱えていたか。それらにどう向きあい、どう乗り越えてきたか。さらには、今をどう生きているか、それが将来にどうつながると思うか。過去から未来に続くストーリーを語り、自分を丸ごとさらけ出すことによって、他者の人生に揺さぶりをかける。目の前の他者は、かつての自分だったともいえるのだ。

このプロセスを、ナヤは「番号から名前への旅」と名付けた。刑務所では通常、名前ではなく、受刑者番号で呼ばれる。アミティのプログラムは、逆に、彼らが自分の名前を取り戻していくことを後押しする。だが、それは服役する前に戻るのでは決してない。むしろ、自らの名前を新たに獲得していくプロセスなのだ。

「番号から名前への旅」のなかで大切なことの一つは、自分の体験を名付けられるようになることです。もし、名付けることができなければ、自分の体験を体験として受け止めることができません。自分の体験を受け止められなければ、体験を生かすこともできません。

たとえば自らが体験した近親姦、または不快だと感じたり強制されたりする性の経験、もしくは暴力といった自分の体験は、時として私たちを凍りつかせてしまいます。体験を名付けるためには、それが自分だけのことではなく、他の人にも同じようなことが起こっているということを知り、その体験の真っ只中を永遠に生き続けなくてもいいということを実感する必要があります。

詩人のマヤ・アンジェロウも言っています。「身もだえするような心痛であっても、二度とそのように苦しみたくないと自らが決意し、その原因となることに直面する勇気を持てれば、再び繰り返さずにすむ」と。犯罪を繰り返したり、薬物を使い続けるのは、自分の体験に直面することを恐れ、その恐怖心を乗り越えられていないからなのです。多くの場合こういった体験は、性的な経験、もしくは暴力と関係していますが、もし、恐れに向きあえず秘密事ばかりであれば、他者の体験も自動的に排除してしまいます。自分の体験に目を伏せ、他者の体験と自分の間に線引きをしてしまうからです。その結果、問題は隠され、家族やコミュニティは分断してしまい、さらに深刻な社会状況を引き起こしていくでしょう。

しかし、問題に直面することは決して容易ではない。なぜなら、それは、自分を問題行動へと駆り立ててきた、過去の記憶に向きあうことを指すから。自分につながる他者の声を繰り返し、繰り返し、耳にしなくてはならないから。それはまた、薬物やその他の暴力で蓋をして、感じないようにしていた「真の痛み」を感じることを意味するから。そして、自分の人生を取り戻すためにも、繰り返し、繰り返し、その忌まわしい記憶を語らねばならないから。

終日ガイドを務めてくれたスコッティが、宿泊先のホテルまで車で送ってくれることになった。車中で、財布から一枚の写真を取り出した。マグショットと呼ばれる、逮捕時の証明写真だった。受刑者番号板を胸に掲げ、つり上がった眉、こちらを睨みつける鋭い眼差し、顔には血管が浮き上がり、映画に出てくるギャングさながらの様相だ。目の前にいる穏やかな彼と同一人物だなんて思えない。自分の成長を確認するために、彼はマグショットを時々見るのだという。そして、人を二人殺したと言った。沈黙が流れた。

十代からギャングのメンバーだったこと、親に捨てられたこと、面倒を見てくれた祖母から性的虐待を何年にもわたって受け続けてきたこと、それが性的虐待だったと気が付いたのはアミティに来てからだったことを、彼はぽつりぽつりと話した。なかでも耳に焼き付いているのが、「いまだに哀しいという感情がわからない。涙が出ないんだ」という言葉だ。胸が詰まった。

ツーソンの訪問は、私にとって忘れ難いものとなった。当時私がアリス・ミラーに宛てたファクスには、スコッティとのやりとりを含め、「変容の希望」というものを強く感じました」と書かれてある。ただ、この短い訪問で疑問が解けたわけではない。むしろ、圧倒され、理解しえないことばかりだった。そのわかり難い状況を映像で捉えてみたい。償いや回復の具体的な方法に触れてみたい。そんな欲求に駆られて、私は、アミティを番組の取材対象とすることを、心に決めていた。

一冊の本からスタートした旅は、私をアリス・ミラーのもとへ、そしてアミティへと誘い、さらなる道標へと誘おうとしていた。

第三章　サンディエゴ

photo by Rod Mullen

刑務所での服役も、郷里からこんなに長く離れるのも初めてだったから、本当に孤独だった。当時の俺は怒りや憤りや憎しみでいっぱいだった。おまけにギャング同士の派閥争いが原因で、半年間ロックダウン（閉鎖処遇）だった。そんなある日、舎房で真夜中に叩き起こされた。二段ベッドの上段に寝ている俺に向かって同居人が「モーリー起きろよ、外をみろよ」と言ったんだ。窓外を見下ろしたら、この世のものとは思えないほど美しいものがあった。全てを覆い尽くす白い粉。雪だった。ホールの天井からの電灯が、空から降り注ぐ雪を照らし、白い結晶がキラキラ光っていた。なんて美しいんだろうとみとれたよ。刑務所に来てようやく美しいものに出会えるなんて……チクショーと思った。でも、そんな争いや憎しみの真っ只中から、時には良い結果が生まれることだってあるんだ。

モーリー・サラット(1)（終身刑受刑者）

社会の監獄化

カリフォルニア州サンディエゴ。

米国西海岸の最南端に位置するこの都市は、観光地として知られている。シーワールドや動物園といった家族向けのアトラクション、ゴルフや乗馬ができるプライベートビーチ付きの高級リゾート、海岸沿いや丘に軒を連ねる高層ホテル、郊外に建設されたカジノや大型ショッピングセンターなどをめがけて、毎月およそ三〇〇万人が世界各地から訪れる。

一九九〇年代半ば、その同じサンディエゴで、私は「社会の監獄化」と遭遇することになった。アミティが同市の刑務所内で行っているプログラムを訪れたのがきっかけだった。

サンディエゴのダウンタウンから車で一時間余り南のオータイメサ地区にある、州立刑務所のR・J・ドノバン刑務所を初めて訪れたのは、一九九六年のことだった。その前年の番組制作時には州の矯正局から取材許可が下りず、数ヶ月ねばってようやく訪問許可が下りたのだった。ハイウェイから刑務所に続く道を、アミティのスタッフが運転する車が砂埃をたてながら走った。刑務所に到着すると、いくつものチェックポイントでパスポートを差し出し、書類と見合わせながら確認をとる。受付での手荷物検査はカバンを開いてのぞき込むだけという簡単なもので、警備の甘さにむしろ心配になるぐらいだったが、驚いたのは、「矯正局は何事に対しても一切責任を負わない」と書かれた合意書にサインをさせられたことだった。訴訟大国の米国なのだから、この程度の合意は当然といえば当然なのだが、「暴動等の非常時には、訪問者は安全のために地面に伏せること」の注意書きには困惑した。

看守は、自分の身に危険を覚えた際に発砲する権利が与えられているという。地面に伏せるというのは、非常時に受刑者と間違われて看守から撃たれないようにするための自衛策だった。訪問者の服装は色や素材について細かい禁止事項が事前に伝えられていたが、それは受刑者と間違われて撃たれないようにするための自衛策だったのだ。私はこの時、まさか、という表情をしたのだろう。看守もアミティのスタッフも首を振り、そういう事態が起こらないという保証はできないと言った。

実際、一九九二年から九八年までの間にカリフォルニア矯正局の看守が発砲して射殺した受刑者は十二人、ケガを負った受刑者は三二人で、これらの数は合衆国の残りの全ての州を合わせた数の倍以上だと指摘されている。(2) 要するにカリフォルニアは全米一、受刑者への扱いが手荒いということだ。問題が起これば射殺されても仕方ないとみなされ、訪問者は自衛を求められる事態に胸騒ぎを覚えながら、私は刑務所の内部に足を踏み入れた。

ドノバン刑務所の受刑者数はおよそ五〇〇〇人。最大収容者数が二二〇〇人であるから、二倍を優に超える収容率だ。倉庫や余暇室などをつぶして舎房代わりにしており、自由時間ともなると、四方を高圧電流のフェンスで囲まれた運動場が、受刑者でごったがえす。看守の目が行き届かないところで暴力沙汰や薬物の売買なども起こると聞いていたが、確かに受刑者に対する看守の数は少なく、二〇〇名余りの舎房に担当官は三、四名程度だった。いくらパノプティコン型で監視カメラに囲まれ、受刑者が監視の目を気にして自制するといっても、限界があると思った。

カリフォルニア州は、監獄化のトップランナーだ。矯正施設の規模は群を抜いており、常に全米で一、二を争う。たとえば二〇〇八年度の受刑者数は全米トップの十七万三〇〇〇人余りで、テキサス州に次いで二位だった。(3) 矯正予算は教育予算を大幅に上回り、刑務所の職員は六万六〇〇〇人と行政機関では最大の規模だ。過去三〇年で、刑務所の数は三倍に増えた。

ちなみに過剰収容はカリフォルニアに限った問題ではなく、全米に共通する課題だ。私が訪問した当時の一九九〇年代半ばはまさに刑務所の建設ラッシュであり、一九九〇年からの十年間で二四五もの刑務所、年平均にすると二四、五軒が全米に新設されている。その大半がドノバン刑務所と同じく地方に建設されたが、それでも間に合わない。増加し続ける監獄人口と、膨らむ財政負担に各州は頭を痛めた。二〇〇〇年代に入ってからも過剰収容の問題は解決せず、近年は、他州の刑務所に受刑者を委託したり、罪状によっては早期釈放などの特別措置をとる州も出てきた。

こうして米国は「監獄大国」となった。刑務所や拘置所といった矯正施設に収容されている受刑者数も、その人口比率も世界一だ。現在、拘禁者の数はおよそ二三〇万人で、人口比では十万人あたりおよそ七五〇人。日本は十万人あたり六〇人余りだから、米国はその十二倍だ。さらに保護観察や仮釈放中などを含めるとその数は七二〇万人に膨れ上がる。バージニア州の全人口が約八〇〇万人だから、米国の「犯罪者」だけで一つの州ができる規模だ。それはスイスの全人口に相当する、膨大な数である。このような社会の監獄化がもたらす影響力は計り知れない。

米国では「犯罪には厳しく」というスローガンのもと、一九七〇年代半ばから厳罰化政策が打ち出され、それが八〇年代から九〇年代にかけての刑務所ブームともいえる状況を生み出した。社会学者のロイック・ヴァカンは、その要因として、一九七〇年代半ばから顕著になった福祉「改革」と自己責任論、それらの結果としての貧困層の犯罪化を指摘する。(4) ゲットー(5)(空間的かつ社会的に封じ込められた地区)で暮らす貧困層が罪を犯して刑務所に送られる。そして出所後、出身地であるゲットーに舞い戻る。そして再び逮捕されてゲットーから刑務所に戻る。こうしたゲットーと刑務所の往復が、社会の監獄化を生み出したと分析する。その大半がアフリカ系の黒人とラティーノもしくはチカーノと呼ばれるラテン系だ。

この監獄化の状況を批判的に受け止めてきた研究者や活動家らは、「産獄（刑務所産業）複合体（prison industrial complex）」という用語を使って説明する。民間企業と国家が安価な労働を確保するために、厳罰化政策を拡大したのだ。たとえば、刑務所ではアスベストの除去や炎天下での雑草除去など、厳しい作業を最低賃金の二割以下で行ったり、取り決めがない刑務所では賃金が払われないことすらある。有名ブランドの多くも、刑務所の安価な労働力を使って法外な利益をあげていることが指摘されている。監獄の建設とともに桁はずれに多い黒人男性が拘禁され（二〇歳〜三四歳の黒人男性では九人に一人が被拘禁者）、「産獄複合体」は別名「現代の奴隷制度」と呼ばれている。社会、経済、医療、教育、文化と全ての面において、特にアフリカ系の貧困層が大きな打撃を受けていることは誰の目にも明らかだが、監獄化によって黒人男性が刑務所で労働する仕組みができあがったといえる。

ただし、監獄人口が激増したからといって、犯罪が激増しているわけではないことを強調しておきたい。たとえば一九六〇年から一九九〇年の三〇年間の犯罪率は、フィンランド、ドイツ、米国のいずれにおいても大差がなかった。しかし、犯罪への対応は大きく異なった。フィンランドはこの間、刑務所に服役する受刑者数が六〇パーセント減少し、ドイツのそれはほとんど変化がなかった。一方、米国では刑務所人口が四倍に激増した。興味深いことに、米国の刑務所人口の増加が最も顕著だった一九九〇年代、犯罪の発生率は二五パーセントも低下していた。

メディアと監獄化の関係も見逃せない。テレビ、映画、ゲーム、マンガといったポピュラーカルチャーのなかで、これほど刑務所が頻繁に登場する国はないのではないか。テレビを例にとってみる。そもそも犯罪者を取締る側の警察ものや法廷ものは多かったが、一九九〇年代後半からは、刑務所が舞台で主人公は受刑者というパターンの刑務所ドラマが登場した。(6)『プリゾンブレーク』もその一つで、米国内では二〇〇五年から四年間にわたってシリーズ化されたが、これは一九九〇年代半ば以降のいくつかの刑務所ドラマの人気を受けて始まったものだ。こうした傾向はリアリティショーにも見られる。番組タイトルに、刑務所を意味するJailやPrisonの文字が入った番組が最近目立つ。ディスカバリーやナショナルジオグラフィックといった自然や動物を扱うチャンネルまでが、こぞって刑務所を舞台にした番組を放送しているから驚きだ。もちろんメディアといっても媒体や番組によって多様な傾向を見せているが、もはや米国のマスメディアや茶の間が、パノプティコンの監視塔と化していることは否めない。そこでは刑罰国家を問題として批判的に眼差すというよりは、監獄にリアリティと刺激を求めて過剰な演出が行われ、さらなる社会の監獄化が推し進められているといえる。

刑務所内TCへの道

アミティが刑務所内で活動し始めたのは、社会の監獄化がまさに始まった一九八〇年代初頭だった。創設者のナヤ・アービターやロッド・ムレンらは、アリゾナ州のツーソン郊外で、薬物やアルコール依存者を対象としたTCを始めた。その開設当初から、他の機関が引き受けたがらない人々を、彼女たちは率先して引き受けていた。メキシコとの国境沿いで薬物の密輸を行う売人、売春婦、他のプログラムでたらい回しにされた深刻な依存者（薬物やアルコールに限定されない）、ギャングのメンバー……。その多くが服役体験を持っていたことからも、刑務所内でプログラムを始める必要があることは彼女らの目には明白だった。だが、当時は米国でも刑務所内のTC自体が稀だった。まずはその必要性を訴えるために地元ツーソンの司法関係者に働きかけた。だが、ある判事は反対こそしなかったが「薬物依存者には何をやっても無駄だ。この先三年間で一人としてクリーンを出すことはあり得ない」と断言したという。

ツーソンには、ナヤがかつて収容されたことのある、ピマ郡立拘置所があった。処遇先の決定を待つ受刑者や、短期の刑を科された受刑者を収容する施設だ。ナヤ自身、釈放の際には「こんなところに二度と戻ってくるか！」と吐き捨てるように叫んだというぐらい、更生とは程遠い環境だった。それから十数年後、ナヤは拘置所に戻ってきた。今度は受刑者としてではなく、薬物依存者向けの回復プログラムを提供するために。

結局、一九八三年から八七年までの四年間、司法省から資金援助を受けて、アミティは「ピマ郡立拘置所プロジェクト」を運営することになった。そのスタッフの一人に、十四年間アリゾナ州立刑務所に服役したことのあるファン・アルバレス・チャビラというラティーノの男性がいた。ヘロインの所持と売買、公文書偽造、窃盗等で、二〇回近くの逮捕歴があり、最後の判決には「社会復帰困難者のため、なるべく満期出所で」と受刑期間の長期化が示唆されている。(7) 二度も脱走を試み、その結果、服役期間のほとんどを独房で過ごした。しかも十四年の間、一度として面会や手紙を受け取ったことがなく、完全に社会から孤立していた。一九八二年、ファンが入院していた病院のソーシャルワーカーが、彼の腕に無数にある注射の痕を見て問題の深刻さに気づき、退院後の受け入れ先として選んだのがアミティだった(8)。

ある日ナヤは、黙ったままで誰とも交流しようとしないファンが、野良猫に話しかける姿を見かけた。数日後オフィスに彼を呼び、「この子猫は、あなたが面倒をみなければ死んでしまう」とだけ言って子猫を渡した。以降、子猫に関することで二人は言葉を交わすようになる。そのうち彼は、猫以外のことでもナヤに質問をするようになった。ナヤは一つ質問に答えるたびに、ファンにも一つ質問させてもらうという条件を出した。そして、ナヤはファンを、ファンはナヤについて知ることとなった。こうして、全く社会から孤立していたファンは、ナヤという一人の他者とつながり、それをきっかけに、プログラムにも積極的に参加するようになり、スタッフとして選ばれ、次第に他のレジデントから信頼される存在へと成長していった。そしてアミティとつながってから五年後、ファンは拘置所の受刑者に対して、次のようなスピーチを行っている。

かつての自分にとっては、人間関係なんて何の意味も持たなかった。なぜって俺は根性が悪くて、冷酷な人間だったから。それにしても俺たちの多くが、一番憎んでいたものに成り下がってしまったなんて、皮肉だと思わないか？　俺は、もうそんな自分をやめた。なぜって、それはこのコミュニティが、人に関心を持つ人々によって成り立っていて、人に関心を持つことを知らない俺たちに、その方法を教えてくれたから。人に関心を持ったり、人を愛したりする方法を教えるなんて、変だって思うかもしれないが、その手ほどきを受ける必要がある人間だっているんだ。俺自身、血縁者に対してさえ関心を持ったり、愛したりっていうのが全くなかったからね。昔は、自分の人生なんて、全く無意味だと思ってた。しかし今は違う。生きることにこそ意味があると感じるんだ。(9)

ファンがナヤたちとともに築いた拘置所プログラムでは、四年間で男女四一一人がプログラムに参加し、再犯率が四〇パーセントも減少した。「クリーンが一人も出ない」どころか、当局の予想に反して受刑者の多くが薬物をやめ、新しい人生を歩みだしていったのである。

一九八九年、ファンはガンで他界した。しかし、彼に直接会ったことのないレジデントも、アミティの教材やデモンストレーターの語りを通して、彼と出会い直していくことができる。私もその一人だ。ファンが立てた道標は、彼亡き後も、確実に後に続く者たちを導いている。

監獄の中のサンクチュアリ

一九九一年、アミティは全米薬物乱用研究機構の実験的プロジェクトに選ばれ、二〇〇人の薬物依存者の男性受刑者を対象に、R・J・ドノバン刑務所内で活動を開始した。きっかけは、カリフォルニア州の矯正局職員で後にドノバン刑務所の所長に就任したジョン・ラテルが、ピマ郡拘置所プログラムを訪問したことだった。その内容と効果に注目したラテルは、カリフォルニア州矯正局による薬物依存者回復プログラムという位置づけで、自らが担当する刑務所にTCプログラムを導入した。[10]

カリフォルニアでは、罪の重さによって施設の警備の基準がレベルⅠからⅣと分けられている。ここは重警備のⅢにあたり、重犯罪者を対象としている。レジデントと呼ばれるプログラム参加者は平均三一歳で、七五パーセントが、暴行、誘拐、レイプ、または殺人を犯しており、逮捕の平均回数は二七回、拘禁は十七回、すでに服役した期間は平均六年間と、犯罪傾向の進んだ受刑者が多い。[11]

刑務所という場に、サンクチュアリ（安全な場）をいかに創るか――。刑務所プログラムを開設するにあたって、アミティが掲げた問いである。「サンクチュアリ」は一般には、聖域、避難所、安らぎの場所と定義されるが、ここでは、問題を抱えた人々が成長するために欠かせない、物理的および精神的に「安全な場」を意味する。一言で言うなら、本音で語り合える場であるかどうか。警備と管理と規律を重んじる刑務所とは相反する発想だ。

ナヤたちがまず、物理的な安全面で着手したのは、独立した場所に、活動や生活の拠点である舎房を確保することだった。交渉の末、一般舎房から少し離れた所に活動用のトレーラーを設けることと、参加者全員が同じ舎房に暮らすことを許可された。加えて、活動に専念できるように、看守の立ち会いはしないという条件も取り付けた。しかし同時に、アミティの活動には刑務所の職員の理解や協力が不可欠だ。矯正の現場に異なる価値観が入ってくるわけだから、混乱が起きる。刑務所とアミティ両者の考え方やルールを互いが理解するために、合同研修を繰り返し行い、運営後も継続した。刑務所内のサンクチュアリを維持するには互いの歩み寄りが欠かせない。

さらには、一般受刑者との関係を築くために、また、外部からの参入を良く思わない受刑者集団からの妨害を防ぐために、リーダー的立場の受刑者たちへの挨拶まわりを欠かさなかった。そこでアミティが注目したのがライファーズ（終身刑、もしくは無期刑受刑者）である。刑務所に最も長く服役し、受刑者たちから慕われている彼らは、刑務所というコミュニティで大きな影響力を持つ。たとえばヤードと呼ばれる運動場での取り決めなどを行う受刑者のアドバイザーグループがあるが、そのメンバーのほとんどがライファーズである。その会合にアミティの幹部が顔を出して助言を求めるなどの歩み寄りも示した。さらには、彼らの存在はプログラムのなかでも生かせるはずだと見込んで、特別な説明会を開き、ライファーズ自身がプログラムに参加するよう促した。

プログラムが始まると、精神面でのサンクチュアリの形成に力を注いだ。それは、本音、つまり自分にとっての真実、時として人に語れずにいる秘密を語りあえる環境づくりを意味する。たとえば拘置所プログラムに関わっていたファンの場合は、彼が唯一安心感を抱いていた猫に注目し、子猫の面倒を見させるという、ナヤの発見と働きかけから始まっている。相手との接点を作り、そこから言葉を少しずつ紡ぎだし、他者につなげていくという、一見些細な、しかし、とても重要なプロセスを通してサンクチュアリを形成していったわけだが、ドノバン刑務所でも基本は変わらない。加えて、彼らの多くは暴力と愛が混同されたまま、大人になってしまった者も多い。それを、ここでは様々な形で気づかせていく。

「墓場にまで持っていくつもりのことを話せなければ、本音を話したことにはならない。」このフレーズを、アミティ関係者の口から、何度聞いたことだろう。被害体験であれ、加害体験であれ、体験の詳細と、それに伴う感情を、徹底的に、何度も語るというのがアミティのスタイルだ。

まずは、幼児期まで記憶を遡らせ、自分の身に起こった出来事や感情を詳細に語っていく。自分の身に何が起こり、それをどのように感じていたのかを言語化し、自らが受け止めることからしか、サンクチュアリの創造は始まらないと考えられているからだ。しかし、このプロセスは容易ではない。「ヤク中」「犯罪者」「極悪人」というレッテルを貼られたレジデントたちの多くが、実はかつての「被害者」だったわけだが、ファンを含むレジデントたちの多くが、それを認めたり、人に知られたりすることに、強い抵抗感を抱くからである。アリス・ミラーも指摘しているように、辛い記憶に蓋をして、被害自体をなかったことにしたり、自分のためを思って親は自分を殴ってくれたと歪んだ解釈をしたり、もしくは子ども時代を完全に美化して生き延びてきている人がいかに多いか。

同時に、自らの犯した罪や問題行動についても細かく語らせていく。そこには自らを傷つける自傷行為なども含まれる。訴追された事件はもちろんのこと、今まで問題にされてこなかった暴力沙汰や違法行為について、また、その時の感情についても洗いざらい語ることが要求される。本音を語ることとは、自分の弱みをさらすことであり、常に様々なリスクを伴う。そして、時間もかかる。このプロセスは「固定した立場／役割からの脱出（de-roling）」とも呼ばれ、被害者としての自分から加害者としての自分に気づかせていくことを意味する。

一九九八年、あるテレビ番組[12]の取材でドノバン刑務所を訪れた時のことである。撮影の数日前の調査段階で、気になった受刑者が何人かいた。三〇代のアフリカ系の男性、アンソニーもその一人だった。父親は誰だかわからず、母親の手一つで育てられてきた。御多分にもれずLAのゲットー出身で、十歳でマリファナを使い始め、十四歳でギャングに加わり、少年院から刑務所へという、典型的ともいえる背景を持っていた。強盗と殺人で七年の刑を科されており、プログラムに参加してからすでに半年近くたっていた。寡黙で無表情に近い。四、五人の小グループになって語り合う際、彼は自分の番が回ってきてもほとんど口を開かなかったが、人の話には一生懸命に耳を傾けていた。

撮影当日、各々の問題行動の原因だと思われる出来事を、順番に語るという課題が出された。十名程度のグループのなかで、アンソニーは語り手の話を聞きながら、深いため息をついたり、腕を組み替えたり、座る位置を変えたりして、常に身体を動かしていた。彼のなかで、何かが起こっているようだった。そして、アンソニーの番がまわってきた。彼はしばらく黙ってうつむいていた。やがて、ゆっくりと口を開いた。

「今日は、長い間秘密にしてきたことを、話してみようと思う……。母親にさえずっと言えなかったことだ……。でも、このグループでなら安心して話せると思ったんだ。」

アンソニーは淡々と語っていった。幼い頃、兄がヴェトナム戦争から帰ってきた。それまでとは全くの別人になっていた。ある日、母親が仕事に行き、兄と二人きりになった時に、兄から犯された。まだ九歳だった。その後も再度同じ目にあった。自分に何が起こったのかがわからず、ずっと混乱していた。なぜそんな事をされたのか、なぜそんな状態を許してしまったのか、自分を責めた。

あるとき衝動的に兄を銃で撃ってしまった。逃げまどう兄を追いかけ、後ろから三発、執拗に撃った。兄は軽症だった。反省の念も、同情もわかなかった。それ以降、酔っては誰かれ構わず暴力を振るった。自分が攻撃的なのは、自分の身に起こったことが関係しているのかもしれない、と。

レジデントの中には、じっと動かず、長い間、頭をうなだれている者や、逆に始終身体を前後に揺らしている者もいた。彼らが、アンソニーの話に何かを感じていることだけは確かだった。彼らを突き動かす強い共通の感情体験があることを私は感じ取った。アンソニーが話し終わると、隣に座っていたレジデントがさりげなく、アンソニーの肩に手を置き、彼の目を見て無言で何度かうなずいた。そして、ナヤがグループに語りかけた。

「自分の身に起こったことを認めると、理解することができるようになる。それはかならずしも、赦しではないかもしれない。受け入れることと、赦しの間に存在するもの……ぴったりくる表現が見つからないけど、それが今、あなたの中で起こり始めているのかもしれないわね。」

アンソニーは深くうなずいた。その日の終わり、全員が立ち上がって手をつなぎ、円を描いた。まず、デモンストレーターがレジデントの一人を名指し、その人の顔を見て「ここで話したことはここに置いていきます」と告げた。その人が、また誰かを指して同じ台詞を繰り返した。それを全員が順番に行った。アミティでは毎回このように、プログラムの中で話したことは外部に洩らさないというルールを確かめあってから、舎房に帰っていく。図体の大きい男性受刑者たちが、円を描いて約束をしあう姿は不思議に映るかもしれない。しかし、刑務所では、弱みを握られたら恐喝や暴力の的になりかねない。だから通常はみな弱みをみせない。こうしたセレモニー（儀式的行為）

は、互いが「証人」となって守り合う確認作業であり、サンクチュアリに欠かせない、大切な要素の一つである。

この直後、レジデントの一人がちょっとふざけ気味に「オオオー、アンソニー」と近づいてきて彼をハグした。しばらく抱きしめあいながら、「がんばったな」と何度も言った。他のレジデントもその横で背中をトントンと叩き「ついにやったな」と声をかけた。その後も、アンソニーを祝福する人は絶えなかった。その合間に、アンソニーは私たちのカメラに向かってピースサインを見せた。グループの前の硬く緊張した表情とは打って変わって、柔和な笑顔。照れも見えた。彼のなかで長年つっかえていた何かがストンと落ちたのだろう、すっきりとした表情をしていた。

現場では気づかず、何年も後になってからそこで起きていたことの意味に気づくということが多々ある。当時、私は目の前で展開するいくつもの出来事にただただ感動していた。しかし、彼が性暴力の辛い体験を語ることができたのは、彼を語りに導く環境がそこに存在していたからである。そのサンクチュアリを作ったのは、ライファーズを含めた少し先行くレジデントたちだ。彼らが自らを語ることによって、周囲も語りやすい雰囲気ができ、アンソニーの語りが生まれたのである。そして同時に、アンソニーの語りが新入りに対してのサンクチュアリを作った。私が立ち会ったのは、単なる受刑者の告白ではなかった。私はサンクチュアリが生まれる過程に立ち会い、その過程を映像で記録していたのだ。

数年後、LAにあるアミティの社会復帰施設で、偶然立ち寄ったというアンソニーと再会した。彼だと気づくまでにしばらく時間がかかった。真っ赤なTシャツを身につけ、LAドジャースの野球帽をかぶり、柔和な笑みを浮かべた彼は、どこにでもいそうな好青年だ。釈放後しばらく彼自身も身を寄せていたというその社会復帰施設には、出所間もないかつての受刑者仲間が次々に入所してきている。アンソニーは時間を見つけては顔を出すようにしていると言った。地元のリトルリーグでコーチをしているだけあって、以前にも増してがっしりした体格をしていた。そして以前より自信がついて、堂々としてみえた。相変わらず口数は多いほうではなかったが、釈放後の苦労、再婚したこと、前妻との子どもを引き取ったこと、刑務所内のプログラムに参加して以来クリーンが続いていることなどを嬉しそうに、ぽそりぽそりと話してくれた。そして話の途中、何人もの顔見知りがやってきては、私たちのおしゃべりを中断した。アンソニーに挨拶したいというのだ。彼は話すというよりは、聴き手に徹していた。頼りにされていることがひしひしと伝わってきた。そして私の腕時計を覗き込み、子どもたちの迎えに間に合わない、妻に怒られる、と真剣に慌てふためく姿が微笑ましかった。

アンソニーの運転する車を見送りながら、数年前の撮影現場が浮かんだ。そこをある起点として、彼はいくつもの道標を手がかりに、前へ進んできたのだろう。どんな道標に出会ってきたのだろう。どんなルートを進んできたのだろう。彼自身も他の受刑者や、釈放直後で途方にくれている元受刑者にとっての道標となってきたに違いない。彼らは監獄化という荒波に巻き込まれながらも、それとは異なる価値観や空間を、後に続く者に指し示しているように思えた。

それから数年後、そんなサンクチュアリをめぐる映画を、私は作ることになる。

第四章　オータイメサ

photo by Rod Mullen

問題は、監獄から出所するかどうかではない。あなた自身が、内なる監獄から、いかに自由になれるかだ。

ナヤ・アービター&フェルナンド・メンデス(1)

一枚の写真

私を映画『ライファーズ』に導いた、一枚の写真がある。

フェンスの前で、肩を抱いてポーズをとる六人の成人男性。皆、穏やかな笑顔を浮かべている。年齢や人種は様々だ。同じようなブルージーンズを着用し、背後にフェンスがあることから、刑務所で撮影された受刑者であることは明らかだ。ただ、テレビや雑誌等のマスメディアが描く、凶悪な犯罪者というイメージからは程遠い。

この写真を初めて目にしたのは、映画の完成の九年前、一九九五年のことだった。元精神分析医のアリス・ミラーから、アリゾナ州ツーソンにあるアミティを紹介された私は、仮釈放中の受刑者や薬物依存者が共同生活をしている社会復帰施設を訪問していた。そこで、あるポスターに目が留まった。大きく引き延ばされた彼らの写真が、壁に貼られていたのだ。案内役のスコッティが説明してくれた。アミティはカリフォルニア州の刑務所内でもプログラムを運営していること、写真はそこで撮影されたもので、彼自身そこでアミティにつながったこと、一般舎房から離れた場所で活動していること、写真の六人は全員ライファーズであること、そして、彼らのおかげでスコッティ自身がやり直せたということ。

ライファーズのおかげ？　当時の私には全くピンとこなかった。無期刑や終身刑ということは、殺人のように取り返しのつかない罪を犯しているはずだ。刑務所に長年閉じ込められているはずだ。そんな彼らが、どうやって他の受刑者を救うことができるのだろう。

スコッティ自身、かつてはギャングに属し、前科が複数回あり、自他共に認める極悪非道人だったという。しかし、目の前の彼は、そのいかつい風貌や犯罪歴に反して、温和で仲間思いの優しい青年に思えた。

ただ、その写真と、その中の彼らの存在はとても気になった。全体に漂う穏やかな雰囲気。笑顔を浮かべてはいるが、苦痛も垣間見える。ほのかな希望が感じられもするが、同時に、哀しみも感じる。灰色のフェンスの奥と六人が立っている場所はつながっているようにも見えるし、フェンスによって、二つの世界が隔てられているようにも見える。彼らが着用しているジーンズのブルーと、足下に広がる芝生のグリーンが、その境界を際立たせている。ライファーズとはどんな人たちなんだろう。興味をかきたてられた。

ライファーズとは誰か？

二〇〇一年初夏、カリフォルニア州サンディエゴのオータイメサ。

観光地化された市街とは打って変って、見渡す限り乾いた土地と背丈の低い灌木の荒野が広がる。メキシコとの国境が目と鼻の先のここには、二つの拘禁施設がある。一つは、主にメキシコ側から国境を越えてくる非合法の移民を収容する移民局の収容施設。もう一つが、州立刑務所のR・J・ドノバン刑務所だ。一九九六年以来私は、年に一、二度は訪れていたから、もう七、八回目ぐらいだったと思う。

高圧電流が流れる二重のフェンス、高くそびえ立つ監視塔、いくつものゲートと検問所、コンクリートの建物群、金属探知機にライフルを持った看守、荷物を運ぶ電動カー、オレンジのジャンプスーツに身を包み手錠でつながれた新入り受刑者の列、区切られたフェンスの中でうごめく受刑者の集団、絶え間ない雑音……。これらを通り過ぎる度に、刑務所という世界に足を踏み入れたことを実感させられる。なかでも自動的に開閉される鉄製のゲートは、閉まるたびにガシャンと大きな金属音をたて、外界との断絶をつきつけてくるのだった。

この刑務所は、刑罰の重さや精神的疾患といったカテゴリー別に受刑者を分類収容する、「ヤード」と呼ばれる四つの居住区域から成り立っている。各ヤードには、運動場を囲む形で居住棟、作業場、食堂などが建てられ、その全体がフェンスで囲われている。アミティの活動拠点があるヤードは、殺人や強盗などの重犯罪者向けのレベルⅢの地区だ。ゲートの脇には、カーキ色の制服姿で銃を腰に携帯した看守が立っている。アミティのスタッフは首から下げたIDカードを、私は身元証明書代わりのパスポートをかざす。看守はいくつもの鍵をじゃらじゃら鳴らしながら解錠し、面倒臭そうに顔をフェンスに向け、私たちの行くべき方向を指し示す。そこにあるのは、最後の検問所だ。

検問所の受付カウンターの中には、受刑者の制服であるTシャツとジーンズを身につけた年輩の男性が座っていた。彼は顔をあげると「おおー久しぶりだな、テレビディレクターさん！」と言った。「今日はカメラマンは来ないのか？　もう一人の長い棒を持った男性はどこだ？　彼は何をする人だったっけ？　録音？　ああ、そうだった。棒の先にはマイクがついていたんだよな。今日は機材は持ってこなかったのか？　取材じゃないのか？　アミティはもう十分に取材しただろう。俺のこともたまには取材してくれよ」とひたすら話し続けた。奥のキャビネットで作業をしているもう一人の受刑者や、監視役の看守はまた始まったと言わんばかりに苦笑しているだけだ。

TCのスタッフ、司法関係者、医療関係者、研究者、業者など、このヤードに出入りする者は皆ここで、訪問先、入退場の時間、名前の記入をしなければならない。担当の受刑者はその確認をする。ただそれだけの接触なのだが、彼は誰とでもおしゃべりをし、この仕事を楽しんでいるように見えた。以前私と交わした会話の内容を詳しく覚えていることには驚かされた。日本の刑務所では私語が禁止されていることや、身内との面会時間が極度に制限されていることに触れ、「ここでおしゃべりが禁止されたら、確実に暴動が起こるよ。俺は狂っちまうだろうな」とぼやいた。そして「良い一日を！」とまるで愛想のいい店員のように私たちを送り出した。

目の前には、運動場とそれを囲む歩道が広がっている。その奥に位置するアミティのトレーラーまでは、さらに数分かかる。私にとっては、この地点からが最も緊張する時間だ。ドノバンに限った話ではないが、刑務所のヤードでは、すれ違う受刑者や運動場にたむろする集団から、見慣れない訪問者の私に対して「お前は何者だ」「何のために来たんだ」という厳しい眼差しが向けられることがある。アジア系であることや、女であることを意識させられるような不快なジェスチャーや言動にさらされることも実際にあったから、この日もかなり身構えていた。特に何事もなく、トレーラーが見えてくると、ホッとしたことを覚えている。

ここにもまたフェンスとゲートがある。アミティへの参加が認められている受刑者は二〇〇人のみで、それ以外は立ち入ることが許されていない。ここから先の管理はアミティに委ねられていて、私服のスタッフがフェンスの内側から鍵をあけてくれる。細い階段をあがると、左手と右手に一つずつ細長いトレーラーがある。それぞれに二つずつの教室と、スタッフのオフィスやトイレなどがあり、小さな学校のようだ。その一つに足を踏み入れると、円を描いて数名が話し合いをしていた。「カオリ!」と声がし、見慣れた顔が席から立ち上がった。そして、「元気?」「久しぶりだね」「家族はどう?」と声をかけあい、握手やハグをした。たいていのレジデントは一年余りでプログラムを修了し、入れ替わってしまうから、顔見知りは古参のライファーズぐらいだった。

ライファーズとは、無期拘禁刑(life sentence, life imprisonment)を科された受刑者を指す。「生涯、一生」を意味するlifeが名称に含まれているため、日本では終身刑と一括りにし、一生釈放されないことが前提だが、実際には二種類の無期刑がある。一つはLWOP(life without parole)と呼ばれる仮釈放のない絶対終身刑だが、もう一つは仮釈放の可能性が残されたもの（life with parole）である。撮影当時の二〇〇二年には、全米におよそ十二万人のライファーズが存在したが、LWOPはその四分の一程度の三万人程度だった。それから十年後の二〇一一年には、ライファーズの数が十五万人強に増加したが、LWOPはやはり四分の一程度の四万人強である。残りの四分の三には、仮釈放の可能性が残されている。

カリフォルニアは全米で最もライファーズの人口が多く、二〇一一年時点で三万二〇〇〇人程度、全米の受刑者人口の二割にもあたる。LWOPは四〇〇〇人程度で、ライファーズの八分の一、つまり、ライファーズの大半が仮釈放の資格付きの無期刑だ。この場合、通常、「二〇年から無期刑」「二五年から無期刑」と最低拘禁年数が決められている。二〇年ないし二五年間は仮釈放の資格が停止されるが、その後の経過においては仮釈放の資格を得ることができることを意味する。

しかし実際、釈放されるライファーズは極端に少ない。仮釈放の許可を出さない傾向が、一九九〇年代以降厳罰化の影響で急激に強まったのである。ドノバン刑務所のあるカリフォルニア州は、その傾向が顕著だ。二〇〇一年当時、カリフォルニア州のライファーズ人口は二万人程度だったが、その大半が仮釈放付きだった。しかし、実際は釈放の可能性はほとんどないに等しかった。というのも当時のデイビス知事が強固な厳罰支持者で、ライファーズの釈放に強く反対したからだ。二〇〇一年までの二八ヶ月の間に四八〇〇の無期刑のケースについて仮釈放の審議がなされ、仮釈放審議委員会からOKが出たのが四八件。[2] わずか一パーセントである。しかも知事の許可が下りて最終的に釈放されたのは、四八〇〇件中たった一件だけだった。

二〇〇一年当時、ドノバン刑務所内のアミティには六人のライファーズが参加していた。彼らは刑期やプログラムへの参加歴が長く、研修等の経験も積んでいたから、スタッフと同様のデモンストレーター（体現者）という役割を与えられていた。自らのストーリーや生き様を示すことで、レジデントが自分の被害体験や問題行動に向きあえるように導き、社会復帰後はそれぞれが社会のなかにサンクチュアリを形成していけるように手助けをするのが、彼らの役目だった。

彼らは、「トゥエンティフォー・セブン・カウンセラー」とも呼ばれていた。これは「一週間毎日二四時間態勢の相談役」を意味している。アミティではスタッフの多くが元受刑者であるが、刑務所の事情でプログラムには夜勤の形態がなかった。しかし、問題の多くは夜に起こる。プログラムは別棟だったが、居住棟にはレジデント以外の一般受刑者も暮らしていたから、ケンカやトラブルに巻き込まれることも多かった。米国では、刑務所であっても薬物、アルコール、武器類が出回っていて誘惑も多い。属していたギャングから抜けようとして裏切り者扱いされ、命の危険にさらされることも珍しくなかったし、若くて新入りの受刑者は性暴力の対象にもなりやすい。このように、刑務所でやり直したいと思っても、それを阻む要素のほうが圧倒的に多いなかで、ライファーズはあらゆる相談にのり、トラブルの仲介をし、話し合いの場を持った。

アミティ創設者のナヤは、刑務所内TCでサンクチュアリを提供しているのはライファーズだと断言する。彼らの変容を目の当たりにして、他の受刑者も変わりたいと思うようになる。積極的な参加、真の友情、本音を語ること、リスクを恐れず最も辛い事をさらけだすこと……。自らの姿勢を通して本音で語れる場を彼らが率先して創造している。ライファーズは身体を張って、進むべき道を指し示す道標になっていたのだ。

さらに、ライファーズは、自分たちの語りをビデオカメラで撮影し、刑務所外にメッセージを届け、サンクチュアリを外の世界にも広げてきた。何百マイルも離れたニューメキシコ州やアリゾナ州の社会復帰施設で、私は思いがけず彼らのビデオを目にすることがあった。自らの犯した罪に対する改悛の情、そして、いかにしてそこに至ったかをカメラに向かって語るライファーズの姿。幼少期に受けた自身の被害体験や回復のプロセスについても触れ、希望を捨てるな、それぞれに罪の向きあい方を考えろ、と訴えかける。それは、見る者一人一人にあてられた、親密なメッセージに思えた。ライファーズの写真や彼らの言葉は、各地のアミティの施設で使用されているワークブックの中にも登場する。被害者や遺族に宛てた手紙、過去の自分と未来の自分へのメッセージ、「生き直したい」と心から思うようになったきっかけや出会いなど、ライファーズ自身がかつて自らのワークブックに書き込んだ内容だ。その一つを紹介する。

ファミリーへ

私の名前はオゼル・ジョンソン。三九歳です。LAのサウス・セントラルで生まれ育ちました。四人の子どもの父親であり、第二級殺人罪で「十七年から終身刑」を科され、服役中です。

（中略）

父親はアルコール依存症でとても暴力的でした。母は受け身で敬虔なクリスチャンでした。

子どもの頃、父は私のことを理由なく殴りました。私に対する仕打ちもあって、父のことは愛していると同時に憎んでもいました。私は自分自身を表現したり、自分の意見を声にすることができませんでした。それで長い間感情を自分の中に閉じ込めてきたのです。傷ついた感情を隠し、十一歳でマリファナを吸い始めました。

（中略）

お金を支払わなかった男性を、初めて銃で撃ち殺すよう命令されたときのことを覚えています。最初は怖かった。それがやがてライフスタイルになったのです。仲間に入れてもらうためにバカな事をやったものです。とても暴力的な男になってしまいました。父親に反抗できず、男らしくないと感じていた自分は、他人を痛めつけたのです。本当に痛めつけたかったのは父親だったのに。学校の成績も良く、スポーツもできたのですが、自分自身の感情をうまく扱えなかったのです。やがてコカイン、ヘロイン、ＰＣＰ、ＬＳＤとハードドラッグに移行していきました。結局十七年間ドラッグを使い続けました。依存症がどういうものだか皆さんもわかっていますよね。そうです、ドラッグを手に入れるために、強奪し、盗み、人を殺しました。

自分のした事を恥じています。そして、アミティとの出会いに感謝しています。アミティは新しい人生と新しいスタートを与えてくれました。もちろんたくさん努力はしました。真実を語り、自分の恐れに直面し、隠してきた秘密に向きあってきました。それを実現できたのは、デモンストレーターのおかげです。安全だと感じさせてくれたのです。プロセスを経て私はインターンになりました。インターンとは何でしょう？　実地訓練のようなものです。ロールモデルになり、グループをリードし、セミナーを開き、責任ある仕事をする。先週の木曜日、私とダレルはカウンセラーになりました。私たちは刑務所内プログラムにおける当事者カウンセラー第一号です。アミティは希望とビジョンを与えてくれました。あなたたちは幸運です。だからこの機会を台無しにしないでください。自分に問うてみてください。「どれだけチャンスを与えられてきたか?」もしあなたが頑張れるなら、このプロセスは効果があります。仲間を見てみてください。あなたの周りにいる人たちです。

互いに助け合って、頑張ってください。

あなたの友　オゼル・ジョンソン(3)

いわば奈落の底まで落ち、そこから希望を取り戻してきた当事者の言葉や有り様が、希望を失っている者には、何よりも強く、心に訴えかけるのだろう。「ライファーズのおかげ」という言葉を私は今まで数えきれない多くの人から聞いてきた。

刑務所という名のホーム

二〇〇一年の訪問時、ライファーズに釈放後の展望について聞いたことがあった。その一人のレイエスは、私の質問に少し苛立った表情を見せて、次のように言った。

「長期服役者の俺たちにとっては、刑務所がホーム(家庭)なんだ。カオリはここを出れば家族の元へ帰れるだろう？　俺たちは、このトレーラーを出たら、舎房に帰るだけだ。もちろんシャバには家族がいるけれど、もう二五年以上もそこには暮らしていないんだよ。いつ出られるかもわからない。シャバの事を考えないわけではないけど、俺の知っているシャバは、記憶の中のシャバに過ぎない。ライファーズは、ここで暮らしていかざるをえない。だから、ある時腹をくったんだ。俺たちにとってのホームはここ、刑務所だと。そして、アミティの仲間が家族だと。いいとか悪いとかじゃないんだ。それが現実なんだ。」

私はレイエスの言葉に、頭をがつんと殴られたような気がした。しかし彼の言葉の意味を実感したのは、それからしばらくしてからのことだった。

それは、午後のグループミーティングでのことだった。急に何人かがくしゃみや咳をし始めた。私も目がしょぼしょぼし、そのうちむせ始めた。「ドアを開けろ」「鼻と口をカバーしろ」「外へ出よう」皆が口々に叫び、隣の部屋にも声をかけた。私たち全員がトレーラーの外に避難したところに、ライファーズの一人で、メキシコ系のラモンが隣のトレーラーから出てきた。二つのトレーラーの間で咳き込み、顔を腕で覆い、大騒ぎする私たちを見て、のんきにも何事かと聞いてきた。レジデントとのやりとりで、彼が昼食用にメキシコ料理のエンチラーダを電子レンジに入れて温めていたことがわかった。そこにハラペーニョと呼ばれるペッパーを加えたのだという。

「ペッパーガスだ！」誰かが叫んだ。続いて他のレジデントが「ラモン、あんたはエンチラーダで、俺たちの暗殺計画を企てたな！」と叫んだ。私たちは皆、ひどく咳き込みながら笑った。ラモンは慌ててトレーラーに飛び込んだ。スタッフの一人もその後に続いた。

熱したペッパーからガスが発生したらしかった。それは催涙ガスとして使われるものと同じ成分だと、あるレジデントが説明してくれた。命に別状はないし、皆の症状は軽いから問題はないという。彼は症状の緩和の仕方も教えてくれた。その博識ぶりに感心していると、隣にいた別のレジデントが真顔で「彼はその筋の専門家なんだ」と私の耳元でささやいた。事情がよく飲み込めない私に、「博識」な本人が気まずそうに言った。同じ原理で作ったガスを、強盗の際に使用していたのだと。隣のレジデントは笑いを抑えきれずに吹き出した。つられて周囲も、そして私も吹き出した。

しばらくすると、ラモンとスタッフが腕で顔を覆い、トレーラーから出てきた。ラモンは苦笑いをしながら、サランラップに包まれたトルティーヤを掲げた。鼻をつくキョーレツな臭いが辺りに漂い、シワシワに萎んだ深緑のハラペーニョが幾つもその中に見えた。鼻をつまみながら「危険物を直ちに撤去せよ！」と誰かが叫び、もう一人が「ウィンウィンウィン」と警報機の音を模倣した。再び笑いの渦が起こった。スタッフも首を振りながら呆れたように笑い、鼻をつまんでトルティーヤごと、敷地の奥にある大きなゴミ箱に放り入れた。

ラモンは「お腹がぺこぺこなのに」と大げさに悔しがり、四〇名余りのレジデントたちの前で事情を説明した。料理の最中に隣のトレーラーのスタッフから呼び出され、電子レンジをつけたまま部屋を離れてしまい、その際、ハラペーニョを皿から取り出すのを忘れてガスを発生させてしまったのだと謝った。そのおわびに、希望者には缶詰のリフライドビーンズ（豆の煮込み料理）をプレゼントしたいと言うと、ブーイングの嵐になった。どうやらこの缶詰は売店で売られている商品の中で最も人気がないワーストワンらしかった。ラモンの目からは涙が流れ出ていたが、それはペッパーガスのせいなのか、反省の念からなのかどっちだと仲間につっこまれ、ヒィヒィ息を切らしながら泣き笑いをしていた。その様子は、さらなる笑いを誘った。

この時、何十年も社会から隔絶されているライファーズにとっては、刑務所がホームだというレイエスの言葉を、私は頭ではなく、感覚として理解できたような気がした。そして、制約された状況にはその状況なりに、人々の営みや楽しみがあるということに気がついた。売店で調達できる食材で手料理を楽しむこともあれば、不注意でペッパーガスをまき散らし、大騒ぎを起こすこともあった。受刑者だって笑う。吹き出すこともあれば、爆笑もする。苦笑だって、泣き笑いだってする。ジョークだって言うし、からかいあったりもする。

不謹慎だという人もいるだろう。人を殺し、強盗をするなど深刻な罪を犯し、被害者に取り返しのつかない傷を負わせておきながら、料理をしたり、笑ったり、楽しんだりする当たり前の日常を送ることに、不快感を感じる人もいるだろう。しかし、アミティのプログラムに参加していても、レジデントたちは四六時中頭をうなだれて反省しているわけではない。二四時間、過去の虐待被害に思いを馳せているわけでもない。むしろ、自らの被害体験や加害体験を受け止め、新たな生き方を得るためにも、こうした人間的な交わりが欠かせないのだ。生まれ育った家庭がサンクチュアリどころか、暴力に溢れる危険な場だった多くの受刑者たちにとっては、TCでの日常こそが、生まれて初めて体験する安全なホームなのだ(4)。アミティでは、ホームを、敬意、人間性、希望、ユーモアという四つの要素から成る場と定義している。彼らは刑務所という空間で寝食を共にしながら、それらを学び直し、実践していく。そこは、暴力や罪に向きあうスタート地点、といえるのかもしれない。
しかし、彼らにとって「ホーム」が意味するものを、私はまだこの時点で本当に理解できていたわけではなかった。何年も後になって、改めてそのことに気づくのだった。

デッドエンド

実は、同じ頃、アミティの代表者であるロッド・ムレンからある相談を持ちかけられていた。アミティのライファーズを主人公にした映画を撮れないだろうか、と。

当時、アミティに参加するライファーズは全員、仮釈放の可能性が残されている無期刑の受刑者だった。しかし、ここでは決められた最低拘禁年数を何年も過ぎているのに、資格審査すら行われていない者もいた。また、長年、毎年のように審議会に出席し、その度に釈放を却下されている者もいた。ロッドは危機感を感じ、ライファーズの釈放のためにあらゆる手を尽くしていた。仮釈放審議会の準備のために弁護士との打ち合せはもちろん、集められるだけの推薦状を集め、審議会の前にはリハーサルを何度も行い、入念な対策を練っていた。それでも、ライファーズが釈放される兆候は全く見えず、「デッドエンド（行き止まり）」状態だと、ロッドは言った。

どんなに頑張っても、社会復帰は無理かもしれない。そんな絶望感をライファーズが抱き始めている。なかには鬱状態に陥り、体調を崩す者もいる。無気力になって、プログラムを去ってしまう者も出ている。ラモンは、私の訪問直後に薬物絡みの問題を起こし、プログラムを辞め、別のヤードに移された。ラモンと数年間交流のあった私にとっても、それは大きなショックだった。彼らが他のレジデントに大きな意味をもたらしてきたように、彼ら自身の人生にも意味があることを、希望があることを、どうすればわかってもらえるのだろう。ライファーズのことを一般社会に知らせると同時に、彼らを励ますことができるような映画ができないだろうかという思いが強まった。

その頃、実は私も行き詰まっていた。半年程前、私が関わっていた番組が、テレビ局の上層部の介入によって「改ざん」され、そのことが原因で、十年間身を置いてきたテレビ業界から、去らざるをえない状況にあった。(5) だからこの時の訪問は、特にこれといった目的はなく、傷心を抱えた旅、という感じだったのだ。

そもそも番組では、「従軍慰安婦」という戦時における性暴力をめぐり、償いと回復の可能性を探ろうとしていた。しかし、放映の数日前になって理不尽な要求が立て続けになされ、制作会社という弱い立場にいた私たちは、最終段階で編集作業から身を引かざるを得ない状況に追い込まれた。そして、私たち制作者の意に反した形で番組は放送されてしまったのである。

この「改ざん」の背景に「政治的介入」があったことは、数年後、関係者の証言や報道によって知るところとなったが、当時はまだ明らかになってはいなかった。ただ、制作の過程で直感的に「異常事態」に気づいた私は、自分なりの抵抗をした。それが十分だったか、適切だったかは十年以上経った今もわからない。ここでは事件について紙幅を割くつもりはないが、制作者としての倫理を問われることになるだろうと自覚しつつ、自分にとっての「真実」を放送前にメールにして発信したり、局上層部に対して始末書とともに自分の見解を提出したりした。今まで加害や被害をめぐる取材をしてきた者としては、また、アミティの道標たちから刺激を受けてきた者としては、「真実」を優先させ、異常事態に抗うのが当然だと思っていた。それが実践できないのであれば、今までの仕事は一体何だったのだと自問した。

しかし、現実はその逆だった。局の関係者らは、「改ざんはなかった」とうそぶき、「制作会社の取材が酷かったから」と、編集に介入したことを正当化しようとした。当時私が所属していた制作会社でさえ、上司らは表向きには何もなかったかのように振る舞い、私たちにはこの仕事を引き受けたこと自体が甘かったと責め、沈黙を強要した。また「改ざん」事件の渦中に私がいたということが他局でも噂になっていたらしく、事件直後に別のテレビ局と仕事をした際、その局内で私をディレクターとして採用したことが問題になっているとプロデューサーが教えてくれた。なんと閉鎖的な業界……。私は、そんな日本のテレビ現場で仕事を続けていく気持ちにはなれなくなっていた。ただ、テレビ業界を辞めた後のあては全くなかったし、今まで築いてきたキャリアや人間関係を全て断たねばならないのが恐くもあった。私自身、デッドエンドに立たされているような気がして、希望を見失い、途方にくれていたのだった。

サンディエゴのドノバン刑務所に足を延ばしたのはそんな最中だった。ラモンやレイエスは私を大いに励ましてくれた。業界の掟に逆らっても、「真実」に向きあうという私のとった選択は間違っていないと確信できたし、その後も裁判で勇気を持って、自分の言葉で「真実」を語ることを、ライファーズが後押ししてくれたのだと思う。[6] この旅を経て、私は同じデッドエンドに立っている者として、彼らにエールを送りたいという気持ちがより強まった。

その翌年、私は様々な困難を乗り越えて、再びドノバン刑務所に戻ってきた。ライファーズを撮るために。

第五章　サンイシドロ

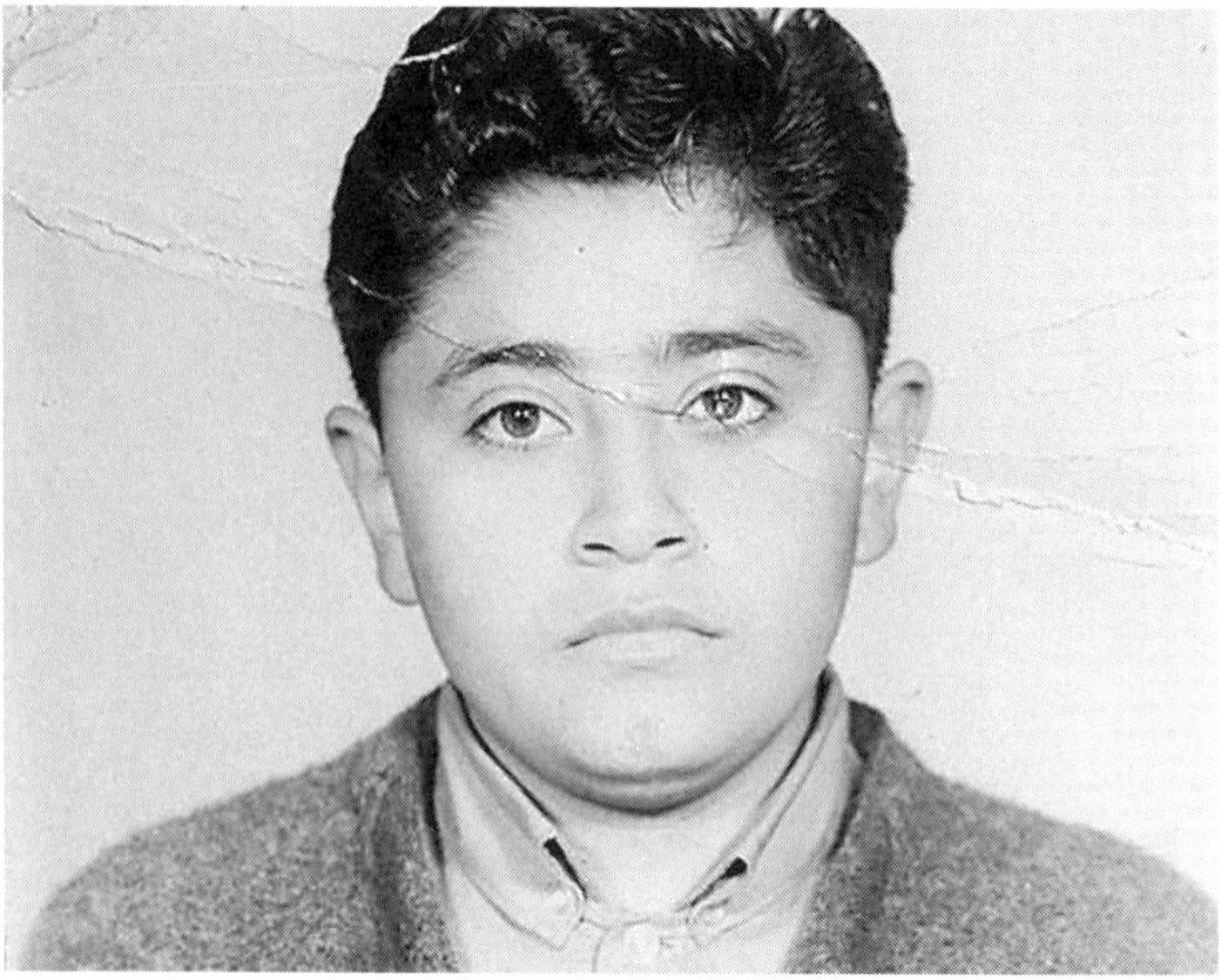

傷ついた者として、病む人々はケアを受けることができるだろう。しかし、物語の語り手としては、他者をケアすることもできる。病者、そしてすべての苦しむ者は、同時に癒す者となりうる。傷を負っているということが、彼らの物語の潜在的な力の源となる。その物語を通して、病者は自分たちとその聴き手との間に共感的な紐帯を作りだす。その紐帯は、物語が語り直されるたびに広がっていく。その時点で、聴く者は他者に語る者となり、共有された経験の輪が広がる。物語には癒す力が備わっているのであるから、傷ついた癒し手と傷ついた物語の語り手とは別々のものではなく、同一の人物の異なる側面なのである。

アーサー・W・フランク(1)

仮釈放審議会への道

二〇〇二年十二月十八日午後四時過ぎ、サンディエゴにあるドノバン刑務所の一室に、私と撮影クルーは通された。カリフォルニア州の刑務所で撮影を始めてから三週間が経過したその日、取材対象者であるライファーズの一人の仮釈放をめぐる審議会が、予定されていた。

部屋の中央に置かれた大きな机、その上に高く積み上げられた書類の山、それに目を通すスーツ姿の男女、紙のこすれる音、机の四方から突き出たマイク、机を囲むいくつもの空椅子、壁際の遺族席、鋼鉄の赤茶けたドア、その向こうの廊下からもれてくる反響音。それらを全てカバーできる場所に撮影機材を置き、私たちはカメラをまわし始めた。間もなく、背後のドアから被害者遺族が、向かって右手奥の鋼鉄のドアからは加害者のレイエス・オロスコが入室してくる。

レイエスは、アミティが運営する刑務所内TCの一つでデモンストレーターを長年つとめている。第一級殺人の罪で「二六年から無期刑」を科されたが、釈放の可能性が残されている。三分の二の刑期を服役すると、まず、仮釈放審議の申請をする資格が与えられる。だが一九九〇年代以降、厳罰化の影響でライファーズがほとんど釈放されなくなり、審議の申請すら諦めてしまうライファーズも少なくない。模範囚といえるレイエスでさえ、すでに七回却下されてきていた。しかし、彼は決して諦める様子がなかった。審議会で仮釈放が一旦却下されると、釈放の条件を満たさないという理由から、最低一、二年は審議の対象からはずされる。レイエスが、過度な期待は持たないように気持ちを制しつつも、審議会に向けて慎重に準備を進めてきていることを、私は取材のなかで知った。たとえば、スタッフの援助を受けて釈放後の就職先を確保したり、釈放を後押しする推薦状を知人や友人から三〇通余り取り付けたりしていた。加えて、他の受刑者やスタッフらと面接の練習も重ねていた。

審議会の二週間前、スタッフ二名とライファーズ五名のあわせて七名が集められ、面接の準備を行うという。いつものように円を描いて座り、スタッフの一人が、審議会で聞かれそうな質問を投げかけた。レイエスはそれに答えていくのだが、言葉を濁したり簡単に済ませてしまおうとすると、スタッフは「もっと丁寧に語るべきだ」「誠意が伝わってこない」と指摘し、語り直しをさせた。この日は特に、被害者遺族に対するレイエスの姿勢が気になると、スタッフが指摘した。

アミティでは日頃から、被害者や遺族への気持ちを繰り返し語らせ、様々な形で罪に向きあわせる。たとえば、「被害者への手紙」というプログラムでは、数ヶ月から一年以上、被害者に毎日手紙を書き続ける。表面的な謝罪文ではなく、相手に語りかけるように書くのが特徴で、グループの中で手紙の内容やその変化について、深く掘り下げて語り合う。レイエスの場合は一年半、リチャードに宛てて書いた。被害者に対して「殺されて当然」という思いから、「取り返しのつかないことをした」という真の罪の意識に至るまで、長い時間がかかったという。

レイエスは十年近くの間、自らの罪に向きあうプロセスを繰り返してきた。私自身も何度かその場に居合わせてきたが、同じ出来事を語っていても、その語り口調が変化していくことに毎回感動する。この日スタッフは、被害者や遺族に対する気持ちに改めて向きあってみたらどうかと提案した。それを受けてレイエスが語り始めた。

事件当時は被害者となったリチャードもレイエス自身もドラッグの売人でジャンキー（ドラッグの常習者）だったこと。さらには被害者の妻までもがジャンキーだったこと。事件の数日前、薬物絡みのトラブルで、リチャードの知人からレイエスは誘拐され、命からがら逃げてきていたこと。リチャードを殺したのはその腹いせで、まさに、どちらが殺されても、殺しても、おかしくない状態だった。だから公判中は、自分だけが罪を問われることに憤りを感じ、心を閉ざした。その頃は事件が遺族に与えた被害など考えたこともなかったという。

レイエスが自分の犯した罪やその意味を考え始めたのは事件から何年も経ってからで、被害者や遺族にまで気持ちが及ぶようになるまでにはさらに時間を要した。被害者には二人の子どもがいた。レイエスは殺人によって、彼らから父親を奪ったわけだ。スタッフやレジデントたちからそのことを問われて、ようやく遺族の存在や、自分のしたことに気がついたという。

しかし、それからさらに数年が経ったこの日、レイエスが口にした言葉の端々からは、未だ被害者の妻に関するわだかまりが感じられた。スタッフが口を挟んだ。

「もしかしたら、遺族に対する逆恨み的な気持ちがまだ残っているんじゃないか？　確かに、被害者も売人だったし、彼の妻もジャンキーだった。だが、妻にとって、彼はかけがえのない存在だったはずだ。その妻に、君はむごたらしい死を見せつけたんだ。妻がヤク中であろうがなかろうが、関係ないだろう。夫を殺されたんだからね。彼女の身に置き換えてごらんよ。事件が二〇年、三〇年前に起こったとしても、まるで昨日、今日のような気がするんじゃないかな？」

レイエスはうなずいた。しかし、納得がいったわけでもなさそうだった。今まで溜めてきた不満が一気に吹き出したのだ。被害者の妻が前回の審議会で、レイエスを殺してほしいと言ったこと、子孫を残すべきではないと言ったこと。さらに遡って事件直後の公判では、銃をバッグにしのばせて法廷に入ろうとし、ヘロインを摂取してもうろうとした状態で公判に現れ醜態をさらしたこと。それでも被害者の妻は咎められず、遺族として同情を集めたことに彼は腹を立てていた。

被害者の妻がなぜ殺してほしいと言ったのか、なぜ法廷に銃を持ち込んだのか、ハイの状態で法廷に現れざるをえなかったのはなぜかを、考えてみるべきではないか。グループのメンバーとレイエスの間でしばらくやりとりが続いた。そして、レイエスは遺族について語り始めた。事件を起こしたのがリチャードの自宅だったこともあり、妻は犯行現場に居合せた。レイエスが夫をナイフで刺し殺す場面を、目撃させてしまったのだ。そして、血まみれの夫を抱えて絶叫する妻を、レイエスは置き去りにした。しかも、妻のお腹には新しい命が宿っていた。

「今まで数えきれないぐらい、被害者について語ってきたけれど、実は避けてきたことがあったんだ。リチャードの娘のことだ……。息子については語ったことがあるが、なぜ娘について話したことがなかったのかわからない。一番酷い影響を与えてしまった相手なのに、どうして忘れることができるだろう……。彼女は父親を見たことがないんだ。生まれる前に、俺が彼女から父親を奪ってしまったんだ……。だからこそ、彼女の存在を覚えていたくなかったのかもしれない。ここにいる皆ならわかってくれると思うけど、あの頃の自分は本当にメチャクチャだったからね……。」

スタッフを含めて、人を殺めた体験を持つ者たちが集められていた。すでに仮釈放のための審議を終えたばかりの者や、審議を間近に控えている者もいた。皆思いつめた表情をしていた。自分に重ね合わせて聞いていたのだろう。レイエスが語り終わるまで、誰も口を差し挟むことはなかった。

もちろん、一時間余りという短い仮釈放審議会の場で、こうしたことを十分に語る時間が与えられるとは思えない。しかし、それであっても、繰り返し語ることには意味がある。自分が何にひっかかっているのか、罪に向きあうことや回復を妨げてきた出来事は何か。それらは一度語れば解決するというものではない。被害、加害、そしてそれらの影響に十分光をあてていく作業は、一人でできることではない。時間も要するし、決して容易ではない。しかし、後から続く他のライファーズやレジデントにとっても、さらには被害者にとっても、それらのプロセスは確実に意味を持つ。たとえ被害者や遺族が、一生赦すことはできないと断言したとしても。

遺族の存在

仮釈放の決定は審議委員が行うが、最終的には州知事の署名を必要とするため、二段階方式だ。審議会でゴーサインが出ても、知事からの署名を得られず、却下されるケースも少なくない。審議会は原則非公開である。ただし、ライファーズ本人と被害者（死亡している場合は遺族）には出席する資格が与えられており、開催日はあらかじめ伝えられる。審議は通常、委員の二名が中心になって進め、弁護士や検察官などの司法関係者が参加する。それ以外はアミティのスタッフでさえ立会いを許されなかった。そんな場にカメラを持ち込むことなど、到底無理だろうと思った。そう諦めながらも、アミティの代表をつとめるロッドに撮影の可能性はないだろうかと相談してみた。刑務所関係の撮影申請は全て、彼を通して矯正局や刑務所につないでもらっていたからだ。ロッドは一瞬顔をしかめたが、申請しても最悪の場合断られるだけで、失うものは何も無いと言った。そして、ダメもとで申請だけはしておこうと言ってくれた。だから審議会の数日前になって、移動中の車中で許可が下りたという電話を受けたときは、私たち全員が耳を疑った。撮影当日撮影に立ち会った刑務所の広報官は、仮釈放審議会の場にカメラが入るのはカリフォルニア州では初めてのことで、私たちは幸運だと言った。

レイエスの審議会には、被害者の妻やすでに成人した子どもが立ち会うことになっていた。カリフォルニア州では一九八二年に州憲法を修正して被害者の権利を規定して以来、犯罪被害者が刑事司法手続の過程において陳述し、被害者の意見が聴取される権利が認められるようになった。それが、仮釈放審議会にも適用されているのだ。事件から二〇年余り経つ今、遺族はレイエスの釈放について、どう感じているのだろう。また、事件自体をどのように受け止めているのだろう。私は映画の企画を立ち上げた時点から被害者の取材もしたいと思っていた。しかし、「被害者及び証人保護法」によって、被害者・証人に対する威迫は重罪と規定されているため、訴追された者が被害者に直接連絡を取った場合、訴えられれば重罪として扱われる。加害者側の取材をしている私たちも直接連絡を取ることは避けた方がいいという助言を受け、レイエスの弁護士を通して遺族と連絡をとることにした。しかし、依頼からまもなくして、ノーの返事が戻ってきた。加害者と関係する人とは一切会いたくないし、話したくない。連絡もしないでほしいという厳しい内容だった。

審議の当日、私たちは広報官からいくつかの点について注意を受け、矯正局から同意書にサインをさせられた。被害者遺族が撮影拒否のため、彼らにカメラを向けてはならないこと。審議の妨げにならないように、カメラ機材は一ヵ所に固定させ、動かしてはならないこと。この場においての関係者へのインタビューは一切禁止であること。撮影は審議委員会の開始三〇分前から終了時までで、休憩時間には一旦中止すること。いずれかの点において違反を行った場合は即刻退出させられ、映像の使用を認めないこと。多くの制約に、私や撮影クルーは緊張していた。

四時二五分頃、審議の行われる会議室に、検察官、弁護士、そして今回特別に参加を許可されたアミティのスタッフ二名に続いて、被害者遺族の二人が広報官に付き添われて入ってきた。レイエスが殺めたリチャードの妻と、その息子だった。その瞬間、部屋の空気が止まった。少なくとも私には、そう感じられた。苦しみと怒り、そして憎しみの入り交じった強いオーラが、二人の全身からにじみ出ていた。まるで二五年前の事件当時に凍結された生の感情が、瞬時にして解凍され、放出されたかのようだった。二人は、カメラの視界からはずれた壁際の席に通された。私は、遺族の存在に、彼女らが放つ強い否定的な感情に圧倒された。審議が始まる前にして、結果がすでに見えた気がしていた。後で話してわかったことだが、アミティのスタッフも、撮影クルーも皆同じことを感じとっていた。それほど、遺族の存在は大きかった。実際、被害者が参加の場合、不参加の場合と比べて仮釈放が許可される率が半分以下であるというデータもある(2)。

しばらくして、鋼鉄のドアがガチャンと大きな音をたてて開き、看守に付き添われたレイエスが入室した。腰にはチェーンがまかれ、両手首の手錠とつながれている。緊張で顔がこわばっていた。着席と同時に彼は後方を振り返り、そして、その瞬間、笑みを見せた。その先には、アミティのスタッフが座っていたのだ。知っている人の存在を確認してホッとしたような、緊張が解けたような感じだった。スタッフも笑みを返した。しかし次の瞬間、レイエスは顔を定位置に戻し、元の険しい表情に戻った。

レイエスのこの一瞬の笑みを、私は現場では気づいていなかった。記録された映像を見て、初めて彼が笑みを浮かべていたことに気がついたのだった。ほんの数秒に過ぎないこの笑みを、編集作業で繰り返し見る度に、その扱いに悩んだ。

そもそも日本では裁判や刑務所にカメラが入ること自体が稀だ。入ったとしても顔にはかならずモザイクがかけられ、声も変えられる。このような特殊な画像と音声処理自体が、社会的スティグマを促進してしまう危険性をもっているのだが、私たちは普段からそうしたテレビ映像や雑誌の写真を、当たり前の光景として目にしている。また、ニュースで見かける法廷のイラストでは、被告人が「残忍な」もしくは「不気味な」笑みを浮かべる者として描かれ、活字では、被告人が「笑みを浮かべていた」、「笑っていた」という表現がなされることが多い。それらには、加害者が罪を反省していないことや、不可解さ、更生の不可能性というメッセージが込められている。実際は、極度の緊張の現れであったり、ホッとするという人間的なリアクションだったりするのだが——。

実は私自身、緊張するとフッと笑ってしまう悪い癖がある。そのことに気づかされたのは、ある大学で死刑について講演をした時のことだった。学生の感想文のなかに、次のようなコメントがあった。「死刑という深刻な話をしているときに、あなたはなぜ笑えるんですか？」殺された被害者や遺族に対する「冒瀆」ではないかと私の態度を叱責する内容だった。自分では笑っているつもりは全くなかったから、そのような指摘を受けたこと自体に驚いた。しかし別の場でも、「死に関する話で先生は笑っておられました。不謹慎だと思います」というコメントがあったので、講演中に自分の語り口調に注意を払ってみることにした。すると、指摘されたようにフッと息をはいて、笑っているかのように語ってしまうことがあった。自己流の分析だが、極度に緊張していて、しかも、相手にわかってもらえないだろうという強い思いが先行するときに、この笑いが起こる。

レイエスの笑みを入れることで、こういった誤解を生じさせることになりはしないか。私はこのたった数秒のシーンを、切ったり戻したり、他のカットと繋ぎ直したりした。結果的には残したが、それを見る人の目にはどんな風に映っているのだろう。

話を審議会に戻そう。男性の審議委員が時計に目をやり、紙を読み上げた。

「受刑者番号C16653、レイエス・ホセ・オロスコの仮釈放を検討する審議会を開始します。受刑者はサンディエゴ郡で罪を犯しました。罪状は第一級殺人罪。刑期は二五年から無期刑。」

審議は事件直後の公判のようだった。レイエスの一家がメキシコから米国に移り住んできた年や移住の理由の確認から始まり、親や兄弟の職歴、中学や高校時代の素行、十八歳で捕まった飲酒運転の初犯から今までの犯罪歴、薬物の使用歴、殺害の方法、殺人が故意かそうでなかったかを、審議委員が細かく聞いていく。たとえばこうだ。

男性委員　「被害者は血の海に倒れていたと警察は報告していますが、あなたが被害者を刺したのですか?」

レイエス　「はい。」

男性委員　「なぜ刺したのですか?」

レイエス　「リチャードにはめられたと感じていたからです。私自身、彼に殺されかかったのです。彼のせいで死んでいたかもしれないと思い、ひどく恨んでいました。」

男性委員　「同じ日のことでしたか?」

レイエス「いいえ、別の日でした。何日か前……いつかは覚えていません。」

被害者の妻がむせび泣くなか、女性の審議委員が、きつい口調で矢継ぎ早に質問していく。

女性委員「被害者はお気の毒にも、シャワーを浴びている最中に、あなたに呼び出されて出てきたのですね。その三分後には刺殺され、妻が慌てて飛び出したと聞いています。なぜそんな酷いことをしたのですか?」
レイエス「彼のせいで私自身が命を落としかけたんです。」
女性委員「どんな風に?」
レイエス「車のトランクに閉じ込められたんですよ。」
女性委員「彼に誘拐されたのですね?」
レイエス「いいえ、彼は友人に私の誘拐を依頼したのです。」
女性委員「彼の友人に誘拐されたのに、彼に仕返しをしたということですか? 七回も執拗に刺した?」

レイエスが二六年の服役中に変容を遂げたか否か、釈放に値するかどうかを審議するのではなく、二六年前に犯した罪を改めて断罪しているように見えた。その模様を映像で記録しながら、私は不思議な感覚を抱いた。いったい何のためにこの審議会は行われているのだろう。

花とスクランブルエッグ

カリフォルニア州サンディエゴ郡、サンイシドロ。

仮釈放審議会の数日前、私たちはメキシコ国境沿いのこの町に暮らすレイエスの両親を訪れた。ここは、レイエス自身が人生の大半を過ごした故郷であり、罪を犯した町であり、彼が収容されているドノバン刑務所の隣町である。サンディエゴ郡のなかで最も平均所得が低く、生活保護受給世帯が多い町だ。人口の七五パーセント以上がラティーノと呼ばれる中米からの移民で、その大半がチカーノと呼ばれるメキシコ系だ。メキシコから移民してきたレイエスの一家もその典型といえる。

レイエスの両親は高齢で体調もあまり良くない。そしてレイエスは未だに打ち明けられない深刻な「秘密」があることから、両親への取材を渋っていた。しかし、私の思いに根負けしたのか、電話で直接交渉してくれたのだった。そして、撮影は短時間で切り上げ、彼の秘密については一切触れないという約束のもと、取材をさせてもらうことになった。私がお礼として彼の両親に何かプレゼントがしたいというと、レイエスは間髪をいれずに「花」と言った。どんな種類でも構わない、母親に、彼自身からも花を贈ってほしいと言った。

私たちが宿泊していたサンディエゴの中心街では、洒落た花屋をあちこちで見かけたから、サンイシドロでもすぐに見つかるだろうと思っていたのが甘かった。目的地には約束の時間よりかなり早めに到着したが、その近隣を三〇分程車で走ってもそれらしき店は見つからなかった。道行く人はやはり圧倒的にラティーノだった。運転手のフェルナンドもラティーノだったから、彼にスペイン語で聞いてもらったりもしたが、「花屋？」とけげんな顔をされたり、国境近くのショッピングモールまで行かないとないだろうと言われた。そして、ようやく見つけたのが、食品や生活用品を扱っている小さな食料品店だった。店先にはスペイン語の札がついた食材の箱が並び、店内からはメキシコ系の明るい音楽が流れ、スパイスの入り交じった独特の臭いが鼻をついた。その店の片隅に花のコーナーを見かけた時は胸をなでおろした。しかし、無造作に置かれた鉢植えや花は、サンディエゴの町で見かけたお洒落な花束からは程遠く、プレゼントにしてはあまりに質素だった。しかし他に選択肢はない。クリスマスにちなんだ赤いポインセチアの鉢植えを選び、バケツからあったけのピンクのバラの花を束ねてもらった。

その店から急な坂道を数分上っていくと、似たような造りの家々が丘の上に延々と続いていた。白壁の平たい建物、薄い木張りの屋根、ガレージと道路に続くドライブウェイ、そして家の番号。こぢんまりとした家の前で、フェルナンドは車を停めた。ブザーを鳴らすとドアが開き、レイエスの母親がニコニコして私たちを出迎えてくれた。「ハロー」という挨拶のみが英語で、その後は全てスペイン語だった。レイエスの父親は玄関の奥に立って私たちを出迎え、フェルナンドが流暢なスペイン語を話すのを聞くと嬉しそうな顔をした。というのも、彼らは英語が話せないのだった。米国に移り住んだのが一九六三年なので、その時点ですでに四〇年が経過していたことになるが、中米からの移民が多いこの地域では、特に英語が話せなくても十分に生活できることから、スペイン語だけという一世も多い。この日も複雑な会話はフェルナンドを介してスペイン語で行った。

玄関先で花をレイエスの母親に渡した。顔がほころんだ。バラはレイエスからで、ポインセチアは私たちからだと言うと、オーオーと声をあげながら胸で十字を切った。敬虔なカトリック信者で、毎週教会に通い、幼稚園で子どもと遊ぶボランティアもしているとレイエスから聞かされていたが、イメージどおりの温かい人柄だった。花を勧めたのはレイエスだったと伝えると目が潤んだ。そして、気持ちを切り替えるように明るい声をあげて、私たちを居間に招き入れた。

通信販売のカタログから抜け出てきたような白いソファーのセット、ガラスのテーブル、その上には金銀のフレームに収められた家族写真が所狭しと飾られてあった。写真は孫や親戚の写真がほとんどだったが、レイエスの写真も一枚あった。金色のフォトフレームに入った白黒写真。生後八ヶ月でまだあどけない彼は、襟付きの正装を身につけ、微笑んでいる。それを手にとって私たちに見せながら、「私の人生に欠けているもの、それはレイエスの存在」と言った。そして、「うまく説明できない……」と口ごもりながら、今の心境やレイエスの生い立ちを語った。

一家はレイエスが十二歳の頃、メキシコ南部から移住してきた。レイエスは純粋で優しい親思いの子だったと母親は言った。生活が苦しく、両親は一家六人が生活するために、仕事を二つ、三つと掛け持ちしていた。母親は家政婦から化粧品の訪問販売まで様々な仕事をやりながら、家事をこなすので必死だった。そのうちレイエスの兄のゴンサロが悪い仲間とつきあいはじめ、薬物を使用するようになった。レイエスも巻き込まれていった。レイエスは十七歳で軍隊に入りベトナムに従軍するが、ケガで即座に除隊。以降、飲酒運転、違法薬物の使用や売買、傷害、窃盗、強盗と問題を起こして逮捕を繰り返した。

「忙しくて構ってやれなかったから、こんなことになったのかもしれない」と彼女は繰り返し涙ぐんだ。私は、今まで世界各地で被害者／加害者の家族を訪ね歩いてきたが、このフレーズを何度耳にしてきただろう。加害者側だけではなく、被害者の家族も被害にあったのを自分たちのせいだと責めていた。

インタビューの途中で母親は、私たちに昼をご馳走したいと言い、台所に向かった。レイエスはスクランブルエッグが大好物だったからと、たくさんの卵を大きなボール一杯に入れ、大胆にかきまぜた。調味料をふりかけながら、「愛情をたっぷり込めたからね。おいしくなるわよ」と言い、フライパンの中で卵をジュウジュウいわせた。

そんな様子を父親は台所の片隅から眺め、買い物に行くのも一苦労だとつぶやいた。自家用車がなく、坂の下の食料品店まで週に何回か歩いて行くのだと言った。それは、私たちが花を買った店だった。彼らの足では少なくとも二、三〇分はかかるだろう。レイエスとはもう何年も会えていないという。ドノバン刑務所は、目と鼻の先の距離にあったが、ここから刑務所への公共交通は存在しない。車を持っている親戚や友人に頼るほかないので、なかなか行けないのだという。表向きは困窮しているようには見えないが、決して楽な生活を送っているわけではなかった。そんな話をしている矢先に、電話が鳴った。ドノバン刑務所のレイエスからだった。一週間に一回、彼はコレクトコールをかけてくる。十分にも満たないこの時間を両親はとても楽しみにしていた。この日、母親は真っ先に私たちが花をプレゼントしたことを報告した。

「頂いたお花は、とっても奇麗なの！　嬉しくて、嬉しくて、涙が出てしまったわ。私がどんなに花が好きか、あなたは知っているものね。」

電話の直後、母親は母の日の出来事を思い出したと言った。

「レイエスが新聞紙で包んだ花束をプレゼントしてくれたことがありました。でも、「悪事を働いて手にした贈り物ならいらない」と私は言ったんです。息子は、道端に咲く野の花を摘み、新聞を買い、花束を作ったのだと言いました。それは私にとって人生最高のプレゼントになりました。どんな高価なものをもらうより嬉しかった。彼は私の口癖を覚えていてくれたんです。間違った方法で手に入れたものは価値がないということを。花を見るたびに、この時のことを思い出すんです。」

この後、再び居間に戻り、インタビューを続けた。しかし、話がレイエスの起こした殺人に及ぶと、母親は動揺した様子で口ごもった。なんだか申し訳なく、何度か中断しようかと思ったが、その度に、寡黙な父親が彼女をかばうように口を開いた。

事件当時、レイエスは数日間姿をくらました。その間に警察がレイエスを探しにきた。レイエスが戻ってきたとき、両親は、何か深刻な罪を犯したと直感したが、まさか人を殺したとは思い至らなかった。母親はまずシャワーを浴びるように言い、それから父親と警察へ同行することを勧めた。しかし警察が先に自宅に踏み込み、目の前で彼を連行していった。父親は興奮して台所のあたりを指し、そこで洋服も靴もはかずに羽交い締めにされ、連れていかれたと憤慨した。母親はその一部始終を目の当りにして死にたいと思ったという。そして教会をたずねると、神父が、午前三時にレイエスが訪ねて来て話したと言った。彼は罪を告白し、神父は警察に出頭することを勧めた。息子にも良心が残っている。母親はそう確信し、死ぬことを思いとどまった。

二人は事件について、他人に話したのは私たちが初めてだと言った。聞きたいことはまだまだあったが、二人ともとても疲れて見えた。彼らの体調を考え、取材は短時間でというレイエスとの約束を優先させて、そろそろ帰ることにした。別れ際、レイエスの母親が見せたいものがあるからと、私を奥の部屋に連れていった。そこにはビニールがかけられた新品のベッドがあった。レイエスの仮釈放審議会が始まった五年程前に購入したのだという。さらには、白くペイントした上にビニールを巻いたクローゼットをあけると、新品のシャツやズボンが数枚ハンガーにかかっていた。

「ここはレイエスの部屋。いつ帰ってきてもいいように、ベッドもクローゼットも新調したの！だけど、このままだとお古になっちゃうわね」と母親は笑った。父親はリビングのソファーに腰掛け、黙って宙を見つめていた。私は胸が締め付けられる思いで、サンイシドロを後にした。

秘密

レイエスが、親や親族に打ち明けることのできなかった、また今となっては高齢の彼らに打ち明けるつもりもない「秘密」がある。それは、父親の親友である男性に、十歳の時、自宅でレイプされたことだった。冒頭の写真はちょうどその当時のものだ。レイエスの実家を訪ねた際、母親が見せてくれたアルバムのなかに入っていたのだが、母親は写真を見せながら「レイエスがまだイノセントだった頃よ」と言った。私はドキッとした。母親は「秘密」については何も知らないはずだったが、息子の様子が変わったことについては、誰よりも敏感に感じ取っていたのだろう。同じ息子を持つ親として、私は直感的にそんなことを思った。

レイエスが被害に遭った日、家族は皆留守だった。いつものように父親を訪ねてきたその男性を、レイエスは父親同様、心底信頼していた。「誰にも言うな。親にもだ。彼らが知ったらどう思うだろう？」そう言い残して男は去っていった。自分の身に起こったことが一体何だったのかが理解できず、レイエスは混乱した。そしてその混乱状態が、成人してからもずっと続いてきたのだった。十歳の自分の身に起こったことが「レイプ」であったと気づいたのは、アミティに参加してからのことだった。被害から三〇年余りが経過していた。

そもそも男性への性暴力自体、社会的に認知されていない。そのため、ほとんどの場合、被害は報告されることなく、治療を受けることも少ないと言われている。(3) レイエスも、グループで他の受刑者が性暴力の体験について語るのを初めて聞いたとき、男が性暴力の被害に遭うわけがないと思ったという。加害者とは家族づきあいがあり、外見上は、良識あるごく普通の男性だった。だから、受刑者が語る性暴力と、自分の体験がつながるまでに数週間がかかり、さらに自分の体験が性暴力であったと認めるまでには、さらに数週間かかったという。

映画『ライファーズ』のなかで、彼は「秘密」について次のように語っている。

「レイプの加害者は、事件後もそれまでと変わらず、家を訪ねてきました。私自身も、事件前と変わらず、彼に対して親切で礼儀正しく振る舞いました。それはとっても変な感じでした。彼が帰った途端に、彼を「殺してやりたい」「傷つけたい」という欲求に駆られるのです。しかし、彼の前では、ごく普通に振る舞いました。忘れようとしたんです。何もなかったと思いたかったのです。

彼もまるで何もなかったかのように振る舞っていましたから、何もなかったに違いないと。それ以降も彼とは家族づきあいが続きましたが、誰も彼のもう一つの顔を知りませんでした。私は自分の身に起こったことが何だったかわからなかったし、そんなこと誰にも信じてもらえないと思い込んでいたんです。時代が時代でしたから……。しかし、頭の中では様々な状況を思い浮かべ、葛藤していたのです。彼とどうやって対決しようか、家族にどうやって告げようかと。しかし、父や兄は仕返しをして捕まるかもしれないと恐れ、それで黙っていようと決めたのです。自分だけの秘密にすれば済むんだと。ドラッグだけが支えでした。ハイになるのが楽しみでした。逃避する唯一の方法だったからです。ドラッグでネガティブな感情を閉じ込めていたのです。」

このインタビューを撮影した二〇〇二年、レイエスは取り乱すことなく、落ち着いて、淡々と語った。言葉も整理されていて、よどみない。自らも「まるで自分の身に起こったことではないかのように語れるようになった」と言った。しかし、最初からこのように語れたわけでは決してない。

私は一九九六年から数回に渡って彼が自らの性暴力被害について語るのを聞いてきた。そして、その度に彼の語りが変化することに驚かされた。最初の記憶は、四、五人程度の小グループ内で、途切れ途切れに語る彼の姿だ。「性的虐待にあった」というフレーズが聞こえるのがやっとの小さな声だった。具体的な内容は覚えていない。それは自らの被害について語り始めた頃だった。

その次は一年程後で、十数名のグループの中で涙ながらに語る姿だ。前年よりも取り乱して見えた。一年経っても語ることはこんなに苦しいのかと思った。私が目にしたのは、彼が性被害と向きあうプロセスのごくごく一部だが、回復というものが一直線上で前進するわけではなく、時に行ったり来たりもするのだということを実感した。

そして一九九八年、二〇人程度の若い受刑者を対象にしたセミナーで、レイエスは再び「秘密」について語った。この時は撮影のためカメラも入っていた。時々言いよどんだり、涙ぐんだりすることはあったけれど、語り口調が以前とは比べ物にならないほどしっかりしていた。事件の影響や自らの体験を分析できるまでになっていて、驚いた。

「あの事件に遭うまでは、ごく普通の子どもだったと思う。動物も好きだった。でも、父親の友人に性的虐待を受けたことで何が何だかわからなくなって、やたらと暴力的になった。あらゆる動物を殺すようになった。どんどんエスカレートしていったんだ……。針で虫や犬や猫を刺すことから始まって、サバイバルナイフを使ってジワジワ殺していった……。拷問みたいな感じ。最初は罪悪感を感じたけど、そのうち楽しみになっていったんだ。ソワソワして、動物を傷つけたい欲求に駆られて、夜家を抜け出して、獲物を見つけに行った。同じ頃、友達にも暴力を振るうようになった。からかわれたりすると、相手が大きくても小さくても暴力を振るった。自分がどうなろうとかまやしなかった。ボコボコにやられてもかかっていくから、兄貴に止められた。お前殺されるぞって。痛くも怖くもなかった。ただ、その状況から逃げ出す方法を見つけたかったんだと思う。やがてギャングという格好の逃げ場を見つけた。ケンカばっかりやってた。男であることを常に証明し続けようとした。一時は軍隊に入って、ベトナム人も殺した。海軍に入隊したのは、敵ギャングを殺すように、人を殺したかったから。」

生々しい彼の語りは、明らかに若い受刑者たちを動揺させていた。頭をうなだれ、床の一点を凝視する者。身体を上下に揺らしたり、涙を流している者も複数いた。かと思うと腕を組んで身体をサークルの外側に向け、凍りついたように宙を見つめ、身体を硬直させている者もいた。その中には、アンソニーも含まれていた。彼は吸い込まれるようにレイエスを見つめていた。寝ているように見える一人を除いて、誰もがレイエスの語りに、強烈に反応しているように見えた。実はその撮影の一週間程前、私はツーソンにあるアミティの社会復帰施設で撮影をしたのだが、目の前の光景と、ツーソンで見た光景があまりにも酷似しているのに驚いた。

サークル・ツリーでは、一週間のリトリートを行っていた。「憎しみ、抵抗、そしてそれに打ち勝つために」というテーマで男女合わせて八〇名程度のレジデントたちが参加し、スタッフによる講義、ビデオの視聴とディスカッション、ゲームやロールプレイを使ったプログラムなどが、集中的に行われていた。それまでの取材でも男性が性暴力の被害を語ることはあったが、割合からいくと女性の語りのほうが圧倒的に多かった。男性被害が少ないから当然、と私自身どこかで思っていた。しかし、この時は次から次へと男性が語りだし、自分の認識が甘かったことに気づかされた。

例えば「抑圧された感情」という講義で、最も辛かった体験をホワイトボードに書くという課題が与えられた時のこと。レイプ、性的虐待、母親が目の前で自殺、親に棄てられた、親に売春を強要されたなど、すさまじい体験でいっぱいになったボードを前に、ナヤが性暴力の被害者が抱く感情について説明していた。ある男性が発言した。「性的虐待を受けた人の多さには驚くよ。俺も刑務所に服役していたことがあるけど、受刑者の七割以上が子どもの頃に性的虐待を受けていたんじゃないかな」と。七割以上？　それが本当だとするなら、もの凄い割合だ。

続けて、二〇歳ぐらいの男性が告白した。十一歳の頃、慕っていた年上の友人にレイプされた。それからというものの、性的な妄想に苦しめられ、暴力的な性行為でなければ満足しなくなってしまったと。また、つられるようにして、別の白人男性が発言し、信頼していた仲間からレイプされて、「自分のアイデンティティが粉々に砕け散ったように感じた」と表現した。その後もあちこちから手が挙がり、男性たちが、自分にも似たような体験があったと口にしていった。

突然、男性のむせび泣きが聞こえてきた。次第に嗚咽が激しくなり、スタッフや仲間が両脇を抱え、その男性を連れて外へ出た。まだ十八歳のチカーノで、撮影の合間によく話しかけてくる少年だった。マッチョな男性レジデントが多いなかで、ナイーブな雰囲気が印象に残っていた。彼が皆の前で話せるようになったのは、それから二時間ぐらい経ってからだった。話せるといっても、仲間に支えられて、嗚咽と沈黙を繰り返し、ようやく、二年前に親戚から性暴力にあったと言える程度だった。レイプのはずがないと、心のなかでずっと打ち消してきていたという。仲間に背中をさすってもらいながら、ホッとした表情で席へ帰っていった。

彼が話している最中、ふと聴衆側を見て驚いた。男性たちが激しく反応していたのだ。涙をぬぐう者、涙をぽたぽた床に落とす者、頭を抱えてうなだれたり、腕で自分を包むようにして身体を揺らしたり、足をカタカタ振るわせたり、苦虫をつぶしたような表情を見せたり……。白人、黒人、ネイティブアメリカン、チカーノと人種に関係はなかった。その後、別の部屋に移動し、小グループに分れたのだったが、私が取材したグループでは男性の被害体験に加えて、あるレジデントからは、レイプをしたことがあるという加害の告白があった。翌日になると別の男性にも加害体験があることがわかり、そのまた翌日も、と芋づる式に出てきた。その場にレイプの被害者がいて、被害にまつわるすさまじい感情を目の当りにしたことが大きいのだと思う。ただし、加害だと素直に認められず、他のレジデントらから質問責めにあってようやく認めるということが多かった。人種も、年齢も、学歴も、階級も様々で、被害や加害、そして目撃体験も含めると、レジデントのほぼ全員に何らかの性暴力体験があることがわかった。

家族療法家のリチャード・ガートナーは、性的虐待、近親姦、性的トラウマよりも広い範囲の経験を表現するために、「性的裏切り」という概念を紹介している。裏切りは対人的関係において、壊れるはずのない絆が壊されることを意味するが、関係性がより親密で、必要不可欠な相手から性暴力を受けると、裏切りの度合いが大きくなり、世界観を変えてしまうという。(4) もちろん、女性にとっても同じことが言えるのだが、男性の場合は性暴力にあうはずがないという社会的通念に基づいた本人の思い込みから、被害を認めにくいのだという。レイエスやその他告白した男性たちにとって性的裏切りは、人生の土台を揺るがすような深刻な出来事だったことは間違いない。

撮影後、ナヤは、寝ているように見えた一人について私にこう説明した。実は、精神的に受け止めきれない段階にいる者のなかには、全く無関心に見えたり、寝てしまうことがある。寝るという行為自体が、被害を認めることへの抵抗であり、まだ心の準備ができていないときの自分を守るという反応なのかもしれない、と。

「番号から名前への旅」のなかで、私の内で繰り返し聞こえてくるフレーズがある。

私たちは、彼らのことを何も知らない。

第六章　サウス・セントラル

photo by Rod Mullen

わたしは　詩を書いてたことがある
でも　最近は書かなくなった
誰に見せればいいの……？
刑務所にいるお父さんについて
恥について　待つことについて
誰かを愛することについて
そんなの書いたところで　何になるの？

ある少女(1)

審議の決定

サンディエゴのドノバン刑務所の一室で、ライファーズの一人、レイエス・オロスコの仮釈放をめぐる審議会が行われていた。二十数年前に彼が犯した殺人について、公判さながらの厳しいやりとりが続いた後、レイエス本人に証言の機会が与えられた。

遺族に対して罪の意識を抱いていること。事件当時、被害者リチャードの妻が妊娠中で、その後生まれてきた娘は、父親に一度も会うことができなかったこと。そのチャンスを奪ったのは自分だったということに気づくまで、様々なプロセスを経て、何年もかかったこと。被害者とはドラッグ絡みでトラブルになり、報復として犯行に至ったのだが、殺すという方法ではない選択肢があったはずだと、今は思えること。TCの仲間に支えられての現在であり、出所後は、TCを通して受刑者の支援をしたいと考えていること。そして最後にこう締めくくった。

「被害者が命を失ったのは、私自身の未熟さによるものでした。心から、申し訳なく思っています。過去を書き換えることは不可能です。犯した罪は悲惨で、一生消し去ることはできません。しかし、私自身、心から変わったと信じています。今の自分を見て、判断していただきたいのです。どうか、釈放を考慮してください。ありがとうございました。」

彼の眼差しは真剣そのもので、気迫がこもっていた。しかし、その全てを打ち消すように検察官が言った。

「彼は後悔を口にしていますが、十分とはいえません。家族を殺された遺族の哀しみや苦しみを理解するには至っていないでしょう。しかも、事件から二十数年の間に、受刑者は成長する機会に恵まれ、リーダーシップを発揮し、他の受刑者に影響を与える立場を与えられました。被害者は、その全てを彼の手によって奪われたのです。」

そして自信たっぷりな様子で締めくくった。

「サンディエゴ郡の住民を代表して、受刑者の仮釈放に強く反対します。」

最後は被害者遺族の証言だ。壁際に座っていた被害者リチャードの妻と息子が立ち上がり、部屋中央の机から突き出したマイクの前に座った。まず、二〇代後半の息子が、手に握りしめた紙を読もうとした。伝えたいメッセージを紙に書いてきていたのだった。しかし、手は震え、嗚咽が次第に激しくなっていき、最初の数行を読むのが精一杯だった。家族や学校の行事は父親不在で、どれほど寂しい思いをしたか。最近生まれた娘に祖父に会わせることもできない。全てレイエスのせいだと言いながら泣きじゃくった。その息子に代わって、母親が自らの原稿を読み始めた。

「この男は一生釈放されるべきではありません。息子や私の人生を破壊した張本人が、社会で生活する機会を与えられるなんて……。娘はここに来ることさえ拒否しました。彼の顔を見たくないからです……。息子も、多くを失いました。リチャードにも問題があったかもしれない。でも、息子にとってはかけがえのない父親だったんです。息子から父親を奪う権利なんて、彼にはないのです。彼は一生釈放されるべきではないのです。赦しを乞われても、彼は、息子の父親を殺したのです。わざわざ夫を殺すために足を運んだのです。この男は釈放されるべきではありません。社会に戻って暮らす権利はないはずです。人の命を奪ったのだから。」

シンと静まり返った部屋に、リチャードの妻と息子の嗚咽、鼻をすする音、荒い呼吸が響いた。

審議の結果が出るまでの間、関係者は全員部屋を出るように命ぜられた。私たち撮影クルーは真っ先に部屋を出た。市民の代表として仮釈放を却下すると宣言した検察官、二十数年間も行き場のない怒りを抱き続けてきた遺族、そして全てを否定されたレイエス、いずれに対してもいたたまれない気持ちで一杯だった。なかでも、遺族の怒りには圧倒された。あれだけの怒りを抱えて数十年間生き続けるのは、どれほど苦しいことだろう。遺された者に必要なのは、事件から数十年後も加害者を断罪し続ける場なのだろうか？　むしろ、レイエスがアミティを通して変容を遂げられたように、遺族にとっても、被害を少しずつ乗り越え、変容していける場が必要なのではないか？　ロビーのソファに腰をかけ、そんなことを私は頭のなかでぐるぐると巡らせていた。

しばらくして、遺族の二人がこちらに向かってやってきた。二人とも、泣きはらした目が赤く膨れていたが、審議中とは違って、穏やかな表情だった。被害者の息子が、私たちに、どこからやってきたのかと聞いてきた。彼は十年程前に兵役についていた頃、沖縄の基地に駐留したことがあったという。そして、沖縄にはいい思い出があり、日本はお気に入りの国だと笑顔で言った。そしてしばらくの間、遺族と私たちは、日本についての他愛もない雑談をした。

審議会が再開された。様子は一変し、厳しい雰囲気に戻った。審議委員が決定の文書を読み上げた。

「サンディエゴ郡検察局および警察署による報告書によると、レイエス・オロスコは、仮釈放の条件を満たしてはいません。本日証言してくださった、被害者遺族の方も、彼の釈放には反対でした。全ての情報を考慮したうえでの決定です。レイエス・オロスコの仮釈放の申立ては却下します。」

レイエスは、落胆、諦め、憤りの入り交じった複雑な表情を見せた。そして、刑務官に付き添われて、鋼鉄のドアの向こうに消えていった。

ゲットーのオアシス

LAのサウス・セントラル地区。

高層ビルが立ち並ぶLAのダウンタウンからは目と鼻の先だ。町の中心のビジネス街から車で数分南に走ると、急に町の様相が変わる。シャッターが閉まったままの商店、その上にスプレー缶でなぐり書きされたグラフィティ、ヒップホップを大音量で流しながら行き交う車、フェンスや電線にひっかかった靴やビニール袋、ゴミためのような路上、溢れんばかりの家財道具を詰め込んだカートを押しながら歩くホームレスの男性……。道行く人の大半がラテン系とアフリカ系だ。

この地区はゲットー[2]やギャングの代名詞として知られ、人々から恐れられてきた。社会学者のジグムント・バウマンは、監獄は壁のあるゲットーで、ゲットーは壁のない監獄であるという[3]。サウス・セントラルはまさに「壁のない監獄」だ。しかも、この地区には、仮釈放や保護観察期間中の受刑者が集中して暮らしている。

二〇〇一年、そんなゲットーの只中に、アミティは釈放直後の元受刑者を対象とした社会復帰施設をオープンした。一九九〇年代後半から、アミティはLA郡内の刑務所やその近辺の刑務所でもプログラムを始めてきていたが、釈放後に受け入れる場が確実に不足していたからだった。

古めかしい四階建てのレンガ造りの建物に、手作りの看板。そこには、スペイン語でアミティを意味する「アミスタッド（Amistad）」と書かれている。開設にあたって創設者のナヤ・アービターは、住環境にこだわった。刑務所という隔絶された場所から戻ってくる彼らが、社会に歓迎され、そこに居てもいい、と感じられる場を確保することが重要だと考えているからである。それは、元受刑者で、かつてシナノンというTCに自らの居場所を見つけた、ナヤ自身の体験に基づいていた。

素っ気ない建物の周りには巨大なヤシの木を植え、人の出入りが多い入口には、アーチ型の木の扉を特注した。受付の周りの壁には、スタッフによる手作りのカラフルなメキシカン・タイルで「ようこそ」の文字を施した。中庭には芝生を敷きつめ、花壇を作り、その中央には噴水を、そして、それを囲むようにベンチを置いた。元は倉庫だったダイニングの壁に、明るいオレンジ色のペンキを塗った。背の高い脚立に乗り、柄の長いローラーでペンキを塗る小柄な女性を見かけたことがある。よくみるとナヤだった。錆がかったアンティークのシャンデリアや木製の丸いダイニングテーブルは、国境を越えたメキシコで彼女自らが選んできたと説明してくれた。四〇年余りアミティの活動に従事してきたナヤは常に謙虚で、率先して作業をする。

そうした手作りのリゾートのような場所に、スキンヘッドの白人、入れ墨だらけのラテン系、筋骨隆々の黒人やアジア人たちが行き交う。人種も違い、かつて敵対しあっていたギャング同士がベンチに座って語らったり、丸テーブルを囲んで和やかに食事をとっている。刑務所とも、施設の外の世界ともまるで別のオアシスが、そこには、確実に存在していた。

アミスタッドは開所当時、LA郊外のランカスターにあるロサンジェルス刑務所をはじめとした州全土の男性刑務所から出所直後の男性を対象としていた。その後二〇〇〇年代半ばに矯正局から女性への予算もつくようになり、女性刑務所からの出所者も引き受けるようになった。現在は男女の仮釈放受刑者約二〇〇名が共同生活を送っている。彼／彼女らの大半が、サウス・セントラル、もしくは別のゲットーの出身者であり、元ギャングのメンバーだ。グループで語り合うというスタイルは、アミティの他の施設と変わりはないが、ここでは大半が刑務所から直行してくるため、出所直後の彼らの状況や心理状態により配慮したプログラムとなっている。

アミティがユニークなのは、段階やテーマに分かれたワークブックを教材に、様々な思想、詩、小説、映画、音楽、演劇、アート、創作活動を使って、レジデントたちの記憶や感情に揺さぶりをかけていくことだ。施設や対象者によって、その内容や手法はアレンジされ、場や状況に応じて最適化されていく。薬物やアルコールといった問題行動をやめるというところに最終目標を置くのではなく、より人間らしい生き方と、より良い世界の有り様を目指して、それぞれが考え、行動していくことをレジデントたちは期待されているから、社会復帰施設というよりも、「学びの場」もしくは人間的成長のための「大学」とでも呼びたくなる。

カリキュラムの作成を担当するナヤは、暴力の連鎖を断ち切るような、具体的で説得力のある学びの場や体験を、あらゆる場面で作っていかなくてはならないと考えてきた。それは刑務所の中だけでは完結しない。自分の回復だけでも不十分だ。アミスタッドのレジデントのように、刑務所から社会への移行期というクリティカルな地点に立っている者にとっては、現実世界と自分との関係を考える機会を、日常のなかで持つことがとりわけ大切だ。アミスタッドが独自に取組んできたそのような試みの一つが、「寛容の博物館（Museum of Tolerance）」の訪問だ。

寛容の博物館

LAにある「寛容の博物館」は、マルチメディアを駆使した博物館で、主に米国における差別、偏見、暴力に焦点をあてた「寛容センター」と「ホロコーストの展示」の二つの常設展から成っている。大量殺戮の惨事を再び繰り返さないため、そして、その体験を語り継ぐためにサイモン・ヴィーゼンタール・センターが運営している。アミスタッドは開設当初から定期的に訪問し、その後にディスカッションを持つというプログラムを行っている。あるとき、私も彼らに同行した。

まず、一つ目の「寛容センター」の出発点には、扉が二つある。一つには「偏見がある」、もう一つには「偏見がない」と書かれている。ガイドが「偏見がない」方のドアをあけようとするが、あかない。なぜかと訪問者に問う。「偏見がない人なんていない」「俺にも偏見がある」と声があがる。偏見はprejudiceと綴るが、それはpre（あらかじめ）とjudge（判断する）の二語から成っている。ガイドは問う。「予断を持たない人なんているかい?」

「偏見がある」ほうの扉を開いて入っていくと、ヘイトクライム（憎悪犯罪）、いじめ、紛争、戦争、世界で起きている様々な人権侵害、そして無関心や無責任から助長される暴力などについての展示がある。テレビのゲームショーや、レストラン、酒屋、ジュークボックスなどを想定したセットが組まれ、ちょっとしたテーマパークのような感じで、訪問者は受け身ではいられない仕掛けだ。特にアミスタッドのレジデントの中には、元ギャングやヘイトクライムの加害者も多く、同時に被害者も少なくないから、展示のなかに自分を見て、様々な感情や記憶が蘇ってくる。

二つ目の「ホロコーストの展示」の会場では、まず訪問者は一枚のカードを受け取る。そこには、強制収容された子どもの写真とその子に関する情報が書かれていて、皆神妙な顔つきで進んでいく。このセクションは一九二五年から四五年までをカバーしていて、三〇年代のベルリンのカフェのセットからアウシュビッツのゲットーまで、ヨーロッパがホロコーストへと突き進んでいく様子をドラマチックに展開する。

こんなことがあった。ガイドが「ゲットー」と口にしたとたん、「あの時代にもゲットーはあったのか？」とすっとんきょうな声があがり、ざわめきが起こった。彼らの多くが、ナチスによる強制収容所がゲットーと呼ばれていたことを知らない。LAのゲットーの住人が、過去のゲットーについて学ぶいい機会だと、引率役で来ていたスタッフが苦笑した。そういう彼もここに来るまで、ゲットーやホロコーストが何を意味するか知らなかったという。

出口では、入口で渡されたカードをPCに挿入し、画面上で写真の子どもがどういう末路を辿ったかを知ることとなる。わずかだが生き延びた子のカードをもらった人は、安堵の表情を見せた。

レジデントらはアミスタッドに戻り、参加者全員で感想を語り合う場を持った。彼／彼女らの多くは、博物館という場を訪問すること自体が人生で初めての体験で、興奮している。しかも、展示内容と自分の体験との類似性に、ひどく困惑したり、動揺していたりもする。白人の男性レジデント、フィルもその一人だった。彼が口火を切った。

俺はかつてスキンヘッドだった。白人以外は人間じゃないと思ってた。ヘロイン中毒でヤクを手に入れるためなら、どんなことだってやったよ。仲間だって裏切った。ここ十年ぐらい、そんな生き方を変えようともがいてきたけど、まだまだだと今日は感じた。博物館でカギ十字の旗やナチの制服を見たときドキッとした。刑務所の自分の房に、同じ旗があったから。ルームメートがブランケット代わりに使ってたんだ。いろいろ思い出して、わけがわからなくなった。本当はホロコーストの生存者の話を聞くのを楽しみにしていたんだけど、動揺してしまって、全く話が耳に入ってこなかった……。

チカーノの男性レジデント、マイクが次に挙手した。いつも笑顔が絶えない男性だったが、思いつめた表情をしている。

現代の偏見に関する展示をみていていろいろ思った。堕胎に反対の団体が、堕胎を行う医者を殺す。命を大切にすべきだと主張して殺す。しかるべき目的のために殺人を犯すということがあちこちで起こっているが、おかしいじゃないか。だけど、どうやったら止められるのかわからない。手がかりがまったくない……。知ってる人もいると思うが、娘が性暴力に遭った。加害者の家に銃をもって押し掛けたことがある。娘を苦しめた男を憎み、殺すことしか頭になかった。結局踏みとどまった。殺せば、何かが成し遂げられたのだろうか。俺の人間性は高まっただろうか。いや、そんなことしたら、子どもと長い間また会えなくなる。暴力が暴力を生むという悪循環が永遠に続いていくだけだ……。憎しみを手放す方法を学ばなくちゃならない。でも、どうすりゃいいのかわからない。道は果てしないが、見つけたいと思う。

女性刑務所から出所して間もない黒人女性のリサが、挙手した。そして、長い沈黙の後に語り始めた。

寛容の博物館は重かった。世界に激しく渦巻く憎しみ……。私も激しい憎しみを感じてきたし、今でもそれをどう処理していいかわからない。ここでプログラムに参加しているし、向きあおうとしているけど、難しい。博物館に行って、世界中で多くの人が苦しんでいるというのを知って……少し、気持ちが楽になった部分と、そうじゃない部分がある。自分のなかですさまじい憎しみが存在していることを確認したし……。ここで皆の話を聞きながらいろいろ考えていたんだけど……さっきマイクが、娘に性暴力をした相手を殺そうとした、でも、それで何になるんだと言ってた。私も同じ問いを自分になげかけてる。私も兄を殺したいと思ってきた。彼が私にした事を考えると……。ここにいる何人かはすでに知ってると思うけど、兄にレイプされて私は妊娠した。私の長男の父親は、私の実兄。何年も、何年も、自分のなかでもがき苦しんできた。でも、今、もう一度考え直そうとしている自分がいる。兄を殺したとしても、その事実と生きていかなくちゃならないし、息子はどうなるのかって。博物館に行ったことで、よりそのことを強く感じてる。ホロコーストの生存者の女性の話を聞いて、あれだけの残酷な目にあった彼女が憎しみを乗り越えて生きているんだから、私だって努力しなくちゃいけないって思った。決して簡単じゃないけど……。

この後、ある女性レジデントが、ホロコーストは形を変えてあちこちで今も起こっているのではないかと発言し、それに続いて黒人の男性ロバートが発言した。

たくさんの展示を見たけど、目の前に映し出されている暴力とか虐殺に対してあまり感情が湧かなかった。共感っていうのかな……自分にはそれが備わっていないんじゃないかって思うんだ。それって異常かな？　でも、もし自分の故郷でホロコーストが起こったら、きっと共感が湧くとは思うんだ。自分の家族に同じことが起こったら……。

ナヤがコメントした。

共感が備わっていないのではなくて、隠れているだけじゃないかと思う。私も十六歳からヘロイン中毒だったんだけど、あるとき隣の部屋の三〇代の男性から呼ばれて、その部屋にいる女性を助けてくれと言われたの。「バカ言ってんじゃないわよ」って言い返したわ。これからヘロイン打つつもりなのに、なんで他人を助けなきゃなんないのって。無視して台所へいってヘロイン打ったの。その女性はぐったりして身動きしなくなってた。男性があまりにもうるさいから、車で病院まで乗せて行ったけど、入口で降ろして終わり。私はその足でアイスクリームサンデーを食べに行ったのよ。それから何年かたってから、なぜ自分はそんなに冷酷になってしまったのかを考えなくちゃならなかった。しかも、たったの十六歳でよ。考えてみると、私は幼い頃から生き延びるためのメカニズムを発達させてきたんだとわかった。人によって理由はもちろん違うんだけど、私の場合は、怖がらなくてすむ方法、感情を感じなくてすむ方法、そういうものを身につけることが唯一生き延びていく方法だとどこかで思っていたの。父は私が四歳ぐらいのときに、私をバイク後部のフェンダーに乗せて猛スピードで走るような人だったの。私は落とされないように必死だった。だから、あなたに共感が備わっていないんじゃなくて、共感の筋肉を鍛える必要があるってことだと思う。

刑務所から出て間もない者たちが、それぞれの個人的偏見と、より大きな世界で見られる偏見とをつなぎ、それをヒントに、自分の問題解決に向けて考える。しかし、その多くは解決が容易ではない。アミティでは、たとえ解決が難しくとも、それぞれにどのような問題があるのかを理解することは重要だと考える。

アリス・ミラーは、深刻な虐待を受けている子どもたちに、直接介入して支援する大人のことを「助ける証人」と名付けた。一方、直接手助けするところまではいかないが、何かが起こっていることを察知し、理解を示す大人の存在を「事情をわきまえた証人」と名付けた。アミティのレジデントの幼少期を見れば、そのいずれの存在にも出会えていなかったことがわかる。ここでは、かつて出会うことのできなかった「証人」の役割を各々が担いあっているのだ。

バラの苗木

ゲットーで生まれ育ち、このサウス・セントラルのアミスタッドで働くチャールズ・ゴーシュンに会ったのは、二〇〇二年、映画『ライファーズ』のロケハンだった。彼は、かつてLAのコンプトンという町を活動拠点としたギャング「ケリー・パーク・クリップス」のリーダーだった。「クリップス」という全米最大のギャングの傘下にあり、あらゆる悪事に手を染めたという。強盗や傷害致死罪等、数えきれない罪状で、逮捕された回数は一〇〇回を超え、七つの刑務所に服役したことがあると聞いていた。だから強面の、鋭敏なイメージを抱いていた。しかし、目の前に現れたのは、気が抜けるほど、柔和な雰囲気の黒人男性だった。大きな身体をゆすりながら、ゆっくり、ゆっくり歩く。柔らかい眼差しとハスキーで優しい声。通りすがりのレジデントに笑顔で挨拶を交わす姿。そのいずれもが、私の思い描いていた元ギャングのリーダー像からはかけ離れていた。

チャールズには二人弟がいた。かつては兄弟全員が同じギャングに所属していた。すぐ下の弟ダレルは一九八八年、敵対するギャングに銃で撃たれて死亡した。末っ子のケルビンは、サンディエゴのドノバン刑務所に服役中だった。兄弟で同じ刑務所の、同じ房に暮らしたこともある。兄のチャールズは数年前に釈放されたが、弟のケルビンは釈放のメドが全く立っていないライファーズの一人だった。ケルビンもダレルも兄のチャールズに憧れて生きてきた。ギャングに入ったのも、ドラッグの売買も、兄の存在に近づきたくてやってきたことだった。そしてその結末が死であり、無期刑だった。そのことにチャールズは、責任を感じていた。

弟のケルビンは三五歳で、ライファーズのなかでもとび抜けて若く、皆から弟のように可愛がられていた。十六歳で身代金目的の誘拐事件を起こし、七ヶ月の逃亡生活の末、十七歳で逮捕された。そして、十八歳の誕生日直後に「仮釈放無しの絶対終身刑」を科された。その後減刑されて、「七年から終身刑」へ。それからずっと刑務所暮らしで、服役期間は十七年間。社会で暮らした期間とほぼ同じ年数を刑務所で暮らしたことになる。彼のように未成年で無期刑を言い渡されたライファーズが、全米にはおよそ七〇〇〇人存在する。そのうち二五〇〇人余りには、仮釈放の可能性がない絶対終身刑が科されている。ただし、可塑性に富んだ少年に終身刑を宣告すること自体が問題ではないかという論争が、国内外で繰り返し起こっている。

ケルビンは十八歳で「絶対終身刑」の判決を言い渡された時、死の宣告を受けたと感じた。一生シャバの空気は吸えないだろう、だから淡い期待は捨てろと受刑者仲間からも言われた。それでシャバでの生活は一切、諦めることにしたという。彼にはすでに三人の幼い子どもがいたが、子どもたちとの関係を完全に断とうと思った。離婚を申し出たのも彼のほうからだった。

「生きる屍状態だったよ。希望を捨てたんだ。当時は、シャバに出られる可能性が全くないと言われていたからね。社会が、未成年の俺にそんな仕打ちをするなら、糞喰らえって思ってた。刑務所で人生を終えるんだったら、情緒的なつながりは邪魔だと思った。それで、ありとあらゆる人間関係を拒絶し、全てに無関心になった。」

ケルビンもまた、アミティの他のライファーズと同様に、希望を失い、再び希望を獲得し直していくプロセスをたどった一人である。チャールズが先にアミティに参加し、何度も勧められたが、はじめは全く関心を抱かなかった。ただ、粗暴で誰からも恐れられていたチャールズが、アミティに参加するようになってからは、争い事を避けるようになったことは気にはなっていった。そして、チャールズの釈放が二週間後に迫ったとき、ケルビンはチャールズにある約束をさせられた。チャールズが、ケルビンの三人の子どもたちの相談役として、父親代わりをする。ケルビンは子どもたちの親権をすでに失っていたが、親権の回復に向けて手続きなどの協力もする。その代わりに、ケルビンはアミティに参加すること。

ケルビンは、渋々アミティに参加するようになった。一度棄てたはずの子どもたちだったが、未練がどこか残っていたのだ。そこでは何もかもが未知の世界だった。たとえば、恥だと思って秘密にしてきたようなことが、そこでは当たり前のように語られている。しかも、それらの体験に伴う感情を、レジデントたちは躊躇せずに表現している。自分にはとうてい無理だと思ったし、他人に語ることの意味も最初は全くわからなかった。そんな彼の心を開いたのが、花を育てるという課題だった。「手を読むエクササイズ」というカリキュラムのなかでケルビンは、自分の手でやった良い行いについて次のように語った。

「レイエスと二人で、バラの木を育てるという課題が与えられたことがあったんだ。最初は戸惑ったよ。この手で壊したり、人を傷つけたりすることはしょっちゅうだったけど、同じこの手を使って何かを育てるなんて想像も及ばなかったからね。子どもはいたけど、放ったらかしていたし……。正直、逃げ出したい気分だったよ。レイエスもどうしていいかわからないみたいで、俺たちに与えられた苗木は、いくら水をやっても全く進展がなかった。長い間、ずっとつぼみのままだったんだ。当時のデモンストレーターに文句を言ったら、「語りかけないと育たないわよ」って言われて、それで、話しかけながら水をやるようにしたんだ。「お前、いつになったら本当のカラー（姿）を見せてくれるんだよ」って。最初はなんだかバカバカしくて変な気分だったけど、そのうちバラの様子を見に行くのが楽しみになった。だって、一つのつぼみが開き始めると、次もどんどん赤いバラが咲き、あっという間に花でいっぱいになるんだ！　マジックみたいだった。自分の手を見て思うことがある。この手でたくさんの悪事を行ってきたけど、バラを咲かせることができたように、いいこともできるはずだって。希望は誰かが与えてくれるんじゃなくって、自分で育んでいかなきゃなんないんだと気づかされたんだ。」

犯罪者の子どもとして生きる

『Loving Through Bars（鉄格子の間から愛するということ）』の著者シンシア・マートンは言う。受刑者の子どもたちは、不安定で不確定な成育環境を強いられ、スティグマと恥で深刻な傷を負わされる、罪のない被害者であると。(4)　ケルビンの三人の子どもたちとて例外ではない。

ケルビンは十四歳の時に最初の子どもを授かった。そして十七歳で逮捕されるまでに、三人の子どもをもうけていた。十四歳から十七歳といえばまだ発育期にある少年である。二〇〇二年の取材で初めてケルビンの子どもたちに会った時、逮捕時にはまだ母親のお腹のなかにいた末の娘と二人の乳児は、すでに高校生と大学生に成長していた。長男のケルビンJr.はフットボールの選手で奨学金を受けて大学に進学していた。下の二人の娘は年子で高校生だったが、真ん中の娘ラクウィーシャは、しばしば学校で問題を起こし、チャールズが話を聞いたり助言をしたりしていたようだった。末っ子のラキーシャは成績が抜群だったから将来が有望と期待されてはいたが、集中力や協調性に欠けるとしばしば指摘され、学校ではやはり問題児扱いされているようだった。

私は親代わりのチャールズを通して、子どもたちと何度か会う機会をもらい、信頼関係を作ってから撮影に入りたいと思っていた。三人とも取材の許可はくれたものの、会うと極端に口数が少なく、何を聞いても興味を示さなかった。イエス、ノー的な応答で、あとは「別に」「わからない」「それで?」を連発した。特に下の二人は何かを褒めても聞いていない素振りをしたり、おちゃらけてみたり、無気力で落ち着きがないと感じた。何度か会う機会をもらったが、うまくコミュニケーションがとれないのは毎回同じで、彼らの中に入っていくことは無理だと感じた。でも、それは当然のことだと後になって気がついた。

子どもたちは、今までいくつもの家庭を転々として来ていた。母親とは時折顔をあわせるぐらいで、一緒には暮らしていなかった。ケルビンが刑務所に拘禁されてから間もなくして離婚したこともあり、子どもたちはケルビンの姉や親戚に預けられることが多かった。母親と一緒に暮らしたときでさえ、三人一緒ではなく、兄弟がバラバラに預けられた。私が取材で出会ったときは、二人の娘は里親の家に暮らしており、ケルビンJr.は大学の寮にいた。高校生の娘たちは、高校を卒業して独立するのが待ち遠しいと繰り返した。チャールズが出所してからは、彼が父親代わりとして様々な相談にのり、様々な行事を一緒に祝ったりするようになったが、チャールズ自身、五人の子どもを抱えていたから、ケルビンの子どもまで直接育てていくことはできなかったのである。

ケルビンの子どものように、母親か父親が刑務所に服役中の受刑者の子どもが、米国には少なくとも一九〇万から二三〇万人はいるといわれている。その大半が十歳以下で、米国の四三人の子どもに一人、もしくは二、三パーセントの子どもの親が刑務所に服役中の受刑者だ。この膨大な数が示しているように、刑務所問題は、受刑者本人の問題だけではなく、子どもの福祉にも大きく関わってくる。さらに、受刑者の三分の二余りが非白人であることから、マイノリティにとって切実な問題であることがわかる。アフリカ系の子どもでは十五人に一人、ラテン系では四二人に一人、白人は一一一人に一人であるから、[5] ケルビンやチャールズの家庭のようにアフリカ系の子どもが最も深刻な影響を受けているといえる。

受刑者の子どもが共通して体験することとしては、経済的・物理的・精神的に不安定な生育環境（貧困のさらなる悪化、引越や移動の繰り返し、親の不在に伴う精神不安）、犯罪者の子どもという恥の意識、拒絶感、社会的・組織的偏見、サバイバーズギルト（親が拘禁され、自分は拘禁されていないという罪悪感）、虐待、親族への依存と負担、学業の不振や素行の問題（無関心、反抗的態度、暴力行為、非行行為、自傷行為、自殺未遂、薬物摂取、摂食障害など）があげられる。[6] 親が死刑囚の場合はさらに深刻だ。[7] また、受刑者の多くが再犯者であることから、受刑者の子どもも、親の逮捕や拘禁を複数回体験していることになる。成長過程で繰り返し中断が起きることによって、子どもが不安定になることは想像に難くない。さらには、受刑者を親に持つ子どもの五人に一人が、親の犯行現場や逮捕時に居合わせているという調査結果があり、その精神的・心理的影響も指摘されている。[8]

拘禁中の面会の問題も深刻だ。刑務所は大抵交通の便の悪い郊外に位置していて、面会に行くこと自体が困難だ。受刑者の家族に対する車の送り迎えサービスのような活動は存在するものの、数も少なく、親が同伴しなければ子どもとの面会は禁止などの様々な制約や規制がある。そのため、受刑者の子どもの半分以上が、親との面会を果たせていない。しかし、刑務所での面会は、子どもと受刑者両者にとって重要であり、とりわけ未成年の子どもにとっては、親との面会の頻度が精神的な成長や素行に影響を与えるという研究結果も出ている。(9) ケルビンの子どもたちも、十七年の拘禁中、面会できたのはわずか数回に過ぎない。冒頭の写真は、ケルビンが刑務所に拘禁されてから初めての面会の時に写したものだ。逮捕からすでに七、八年が経っていた。

ただ、多くの受刑者にはコレクトコールが許可されているので、ケルビンの場合は毎週一、二回は、電話で子どもたちと話すことができた。短時間であっても電話の存在は大きかったはずだ。こんなこともあった。子どもたちは宿題をケルビンに聞いてきたが、実はケルビンは読み書きさえ満足にできなかった。子どもたちとの電話をきっかけに、ケルビンは高校卒業資格取得を目指して勉強し始めた。子どもたちに教えるというよりも、一緒に学ぶという感じだったという。

残念ながら、受刑者の子どもたちにとって、「助ける証人」も「事情をわきまえた証人」の存在も全く足りていない。親が刑務所に服役している子どもたちには、明らかに特別なニーズがある。たとえば親との面会やコミュニケーションは、子どもにとっては当然の権利であるべきだし、受刑者にとってはご褒美ではなく、親としての義務と考えるべきではないか。それは親族や、一つの分野や、組織だけではカバーしきれない。学校、矯正局、社会福祉局、児童福祉局、医療、コミュニティサービスなどが、子どもや家族（里親や養親も含む）と連携する必要がある。

日本ではどうだろう。受刑者の家族に対する社会の目は、米国より格段に厳しい。受刑者の家族は社会的制裁を受けて当然という風潮も強い。たとえば、私が知る長期受刑者の家族は、嫌がらせや世間の目にさらされて、転校、転職、引越を繰り返し、自ら命を絶とうとしたこともある。事件から二〇年以上経つ今でも類似するニュースを耳にするだけでフラッシュバックやパニックが起こる。日本において受刑者の家族に対する支援はごく一部の民間団体を除けば皆無だ。理解どころか、憎悪や蔑視の対象となる。

刑罰は社会が科すのだから、その刑罰が生み出す問題に対して、根本的に解決できないのであれば、そして刑罰を廃止できないのなら、社会は責任を果たし、家族が必要とするケアを十分に提供するべきではないだろうか。

釈放後の現実

二〇〇三年の初夏、ライファーズの一人ケルビンが釈放されるという報せが入った。知事も書類に署名したので、確実だという。刑務所内プログラムに参加しているライファーズが釈放されるのは初めてのことだった。

実は、ケルビンの釈放については、レイエスの仮釈放審議会の数日前に、審議委員会から決定が出されていた。彼の場合は誘拐罪で、レイエスのように殺人罪に問われていたわけではなかったことから、そろそろ釈放の許可が下りるのではないかといわれていた。また、彼の被害者の一人が、審議会宛に、次のような推薦状を書いていたことも有利に働いたようだった。

一九八五年、ゴーシュン氏は身代金目的の誘拐罪で逮捕されました。私は被害者の一人です。この十六年間、私は彼の軌跡を追ってきました。最初の数年間は無責任で罪の意識も薄いことを耳にしました。一九九三年、彼が変わり始めたと聞き、安堵しました。他人を傷つけたことに気付き、罪の意識も感じているようでした。ゴーシュン氏が釈放され、社会復帰することを私は支持します。考慮をお願いします。

フロイド・アンダーソン

ただ、ライファーズの仮釈放は二段階方式だから、委員会の決定後に、知事から却下される可能性もある。数ヶ月後、ケルビンは委員会に呼び出され、その間、レイエスは数名のスタッフらと共にその結果を待っていた。ケルビンは神妙な顔をしてアミティのトレーラーに現れた。

「知事から最終的に承認された。釈放日は今日明日中にも言い渡される。」

彼の顔をのぞきこんでいたスタッフらからは歓声があがった。レイエスは嬉しそうに、何度もうなずいていた。

「今ここに戻ってくるまでの道のりで、しみじみ思ったんだ。釈放につながったのは皆のおかげだって。委員会に臨む姿勢を皆からなってないって批判され、GED（高校卒業認定試験）だって皆があまりにうるさいから受けたようなもんだ。結局、四年間もかかった……。仮釈放委員にも言われたよ、君は決して諦めなかったねって。だから答えたんだ。「諦めることなんて不可能でした。仲間がうるさすぎて」って。」

笑いが起こった。しばらくするとレイエスが言った。「次はシャバで再会しよう」と。そして、続けた。

「俺たちのために扉を開けてくれ。俺たちの気持ちわかるよな……。俺たちは、何度も何度も拒絶され続けてる。俺が却下され、次はお前が却下され、その次はまた誰かが却下されて、互いに仮釈放審議に出ては拒絶されるというのを見続けている。終わりがない……。だからこそ、お前の釈放には意味があるんだ。俺たちの中に、今までとは違う空気が生まれると思う。」

ケルビンは言った。「でも……怖いんだ。これからシャバに出て、ちゃんとやってけるかって。シャバでは子ども時代なんてなかった。ここで子ども時代を過ごして、育ててもらったようなもんだから……。」

レイエスがケルビンを見据えて言った。「怖がる必要はない。自由になれるんだから。でも、いつまでも子どもだなんてバカ言ってんじゃない。ここでかなり成長したと思うが、シャバでは大人にならなきゃダメだ。お前は自分だけの人生を生きてるんじゃない。子どもらにとっては親だ。ここにもお前の仲間がいる。俺たちに扉を開いてくれ。お前がしっかりやらなければ、俺たちの道が閉ざされてしまう。」レイエスは真剣な面持ちでケルビンに訴えかけ、ケルビンは床を見つめ、時折レイエスを見上げるようにして見つめた。

サンディエゴ北部、ビスタ。

ここにも、仮釈放中の男性受刑者一〇〇人程度が共同生活を送るアミティの社会復帰施設がある。

広々としたグラウンド、ネイティヴアメリカンのシンボルをあしらった円形の屋外スペース、森のなかの小川など、刑務所というコンクリートの世界からかけ離れた自然のなかで、彼らは自分に向きあい、新しい社会生活のための準備を整えていく。釈放されたケルビンは、ここにしばらく身を置くことにした。本当は兄や子どもたちの暮らすLAに行くことを望んでいたが、担当の保護観察官と相談のうえ、都会の誘惑に打ち勝つのは難しいということになり、ビスタに落ち着くことにしたと聞いていた。

二〇〇三年八月、釈放から一ヶ月余りたったある日、私はケルビンを訪問した。サングラスにオレンジのポロシャツ、ひざ丈のジーンズのショーツ、真っ白なブランドもののスニーカー、タイトに編み込んだヘアと、ファッショナブルな出で立ちで現れた。木がうっそうと生い茂る自然の中では、かなり不釣り合いな格好だった。

シャバの生活はどうか、という質問には辟易としているようだった。子どもたちは、週末に訪問してくるぐらいで、まだ数回しか会えていないと言った。「悪くないよ」と面倒くさそうに答えながら、携帯電話をいじっている。何をする時も、携帯を離さない。常に携帯メールをチェックし、電話をかけまくっていた。

今のような生活を刑務所で思い浮かべていたのかと聞いてみると、「あんまり……」という歯切れの悪い答えがかえってきた。携帯をいじりながら、「たぶん、もっといろいろ期待してたんだと思う。ちょっと期待しすぎちゃったかな」と付け加えた。そして、紙切れに書かれた誰かの番号を携帯に登録するのに夢中になりながら言った。

「何かを長い間夢見てきて、実際その何かを目の前にすると、それは今まで夢見てきたこととは同じではないと気がつくんだよ。今はそんな感じかな。」正直な感想だと思った。刑務所という隔絶された場所から十八年ぶりに戻ってきたのだ。無理もない。自分の思いと現実に折り合いをつけていくには、まだまだ時間がかかるだろうと思った。

この日、ケルビンは私に見せたいものがあると、繰り返し言った。携帯に釘付けになったまま、私を入口の階段脇にある花壇に連れていってくれた。そこにはまだつぼみと咲き始めたばかりのバラが何本か植わっていた。その一つを指して言った。

「覚えているかい？　俺とレイエスが刑務所で育てたバラだよ。今度は、シャバの空気で育て直していかなきゃな。」

ニッと笑い、欠けた前歯がむき出しになった。

第七章　コンプトン

photo by Rod Mullen

ワシらカマ（釜ヶ崎）におるもんは、故郷に帰れん身じゃろう。悪さばかりしとったわけやから、仕方ないっちゃあ仕方ないわな。クサい飯食ったもんもおるしな。せやけど、何事もうまくいかんのは、社会のせいやとどっか責任逃れしてきたところもある。で、ここではいろんな人に世話になるわな。助けてもらったり、ここがアカンと正直に言ってもらったりするやろ。ワシはアル中やねんけど、友達から「治療受けないとアカン。行かへんやったらもう来るな」言われて、クリニックに行くようになった。そこでグループに参加するようになった。最初は「アホらし」思ったけど、騙された思って酒飲むのやめてみたんや。しばらくしたら、シラフでも楽しいと思えるようになってきた。酒やってた時には気づかんかったことに、気づくようにもなった。たとえば、ぎょうさん人傷つけてきとったこととか、まともに生きられんのを学歴のせいにしとったこととか。見方が変わったんやな。そしたら、人との関係も変わった。故郷には今さら戻れんかもしれんが、それと代わる何かをここで得とるというか。それにな、人の世話になるだけやなくて、カマを訪れる若者とか外人さんを案内したりするようになったりして、感謝されるようにもなった。カマのイメージが変わったって。そういうのが「修復的司法」やと思うで。

釜ヶ崎の労働者のぼる(1)

ホームカミング

「ホームカミング（同窓会）の日がやってきます。七月四日の独立記念日の午前十一時よりピクニックを行います。家族や友人と連れ立って、LAのアミスタッドにお越しください。皆さんとの再会、そして新しい出会いを楽しみにしています。」

今年もまたアミティから、このような招待状がメールで届いた。送信先は、アリゾナ州、カリフォルニア州、ニューメキシコ州の三州にあるいずれかのプログラムの修了生やスタッフの関係者一〇〇〇人余り。一九九二年に元レジデント数名がサンディエゴのミッションベイで集まったのをきっかけに、毎年恒例の行事となった。二〇〇七年までは公共のビーチで行っていたが、八〇〇人を超える大所帯に膨れ上がり、家族向けの公共地を一つの団体が占有しては困ると行政側からクレームがついた。それで、以降は、アミスタッドがあるLAのサウス・セントラルに場所を移すことになった。しかし、収容人数二〇〇人程度のアミスタッドの敷地だけでは収容しきれない。そこで、市の許可をとって一つの区画を丸ごと借り受けることにしたのだった。

その新しいスタートとなった二〇〇八年七月、私はこのホームカミングに参加した。ギャングや暴力の巣窟として知られるサウス・セントラルに位置するアミスタッドでは、安全な環境を確保するために、通常は分厚い木製の扉が閉じられている。しかしこの日、そのアーチ型の扉は開かれ、アミスタッドの中庭と街路が一つになっていた。

いつもは閑散とした路上に、近所の人たちも加わって人だかりができていく。レジデントたちによるロックの生演奏やストリートダンス。彼らのなかには、プロのミュージシャンやダンサーもいるから本格的だ。色とりどりの風船が宙に浮かび、子ども向けの巨大なトランポリンやカラフルな遊具が設置され、子どもたちが綿菓子やアイスキャンディーを片手にキャッキャッと声をあげている。その周りで、バーベキューチキンやハンバーガーをほおばりながら、楽しげに語らっている大人たち。片道五時間かけて運転してきたという元薬物の売人の男性、噴水の周りで戯れる幼い女の子と入れ墨だらけのレジデント、誕生して間もない赤ちゃんを嬉しそうに見せてまわる夫婦、服役中の弟の子どもを連れてきたという女性など、参加者の大半は、元受刑者や薬物・アルコール依存の問題を抱える本人、その子どもやパートナーや兄弟姉妹、友人、そして受刑者の子どもを養育してきた親族や里親たちである。

一見、単なるお祭りにしか見えないこの集いは、実は、再会を懐かしむ同窓会以上の意味を持っている。アットホームな雰囲気で近況報告をしあい、形式ばらずに相談をしたり、されたりといった場の持ち方は、アミティのプログラムに共通する特徴の一つだが、ここではプログラム修了後も、互いが緩やかにつながりあい、支え合う場を作ってきた。釈放後の社会復帰プログラム自体もその一例であるし、このホームカミングもその一つだ。さらに、ツーソンの施設では、週一回、夜に家族グループを開催し、三ヶ月に一度の割合で家族向けの週末ワークショップを行っている。TCは刑務所の中で完結するものではないと考えているからだ。

たとえば釈放後も、自分や家族に前科があることには、常に社会的スティグマがつきまとう。日常のなかでは、そのことを隠したり、引け目を感じたりすることも少なくない。しかし、ここでは誰もが似たような境遇にあり、また、アミティという同じコミュニティの一員としての信頼や安心感から、人目を気にしたり、悪びれることもなく、ありのままの自分でいられる。手本となるロールモデルの姿を目の当りにすることもできるし、努力に対して周りから承認や評価を受けることもできる。同時に、当人や家族以外にも理解してくれる人が存在することを実感することができる。最近はソーシャル・メディアの利用にも積極的で、アミティ関係者のフェイスブックも活発だ。問題を抱える本人のみならず、その家族や友人、関係諸機関、そして地域にまで場を開き、継続的かつ多様な支援体制を整えることがいかに大切であるかということを実感する。アミティは、再犯率が驚異的に低いことで知られているが、それは刑務所や施設内のプログラムに加えて、こうした手厚い支援体制が関係していることは間違いない。たとえば修了者の再犯率は、一般受刑者と比べて三分の一と圧倒的に低いが、釈放後も継続プログラムに参加した場合は、さらに低くなる。

日本ではどうだろう。残念ながら、出所後のこうしたニーズは無視、もしくは軽視されてきた。刑務所という社会から隔離された場で自由を奪われること、そして仕事をすることが日本の矯正概念を支えてきたからだといえる。保護司というボランティアによって仮釈放者のモニタリングは行われているものの、釈放後の支援という発想は乏しい。各地に更生保護施設は存在しているが、職を確保するまでの一時的なシェルターに過ぎない。また、各地に地域生活定着支援センターが設置されるようになったが、その対象は身寄りの全くいない高齢者と障害者に限られている。近年は特に、いかに加害者を厳しく処罰するかという社会的傾向が強まっているから、受刑者に対する長期的かつ継続的な支援などと言うと、世間からは「犯罪者を甘やかすな」とバッシングを受けるし、専門家からも「被害者支援を優先すべきだ」という声がしばしば聞こえてくる。

しかし、社会の長期的安全を真剣に考えるなら、刑務所と釈放後を分けて考えるべきではない。受刑者の大半は釈放され、やがて社会に戻ってくる。刑務所内でいくら素行が良くても、環境の異なる社会に出て、孤立した状況で、個々人が問題を乗り越えていくことは困難だ。

たとえば、米国では刑務所での生活に適合した者ほど、社会復帰後の生活が困難になるという調査結果がある。(2) 日本と比べて比較的自由度の高い米国の刑務所でさえ、外の一般社会との隔たりは大きい。また、釈放されたからといって、受刑者と家族との関係が劇的に改善されるわけでもない。むしろ、いろいろな面で釈放後のほうがきついという声を頻繁に耳にする。かつてライファーズだったケルビンは、サンディエゴにあるドノバン刑務所内プログラムを経て、釈放後は二年余り、ビスタの社会復帰プログラムに滞在した。十年近く刑務所内TCに身を置いていた彼でさえ、釈放からしばらくは様々なプレッシャーに押しつぶされそうになっていたという。子どもからの経済的かつ精神的期待、それに思うように応じられないことへのジレンマ、刑務所で思い描いていた理想と現実のギャップ……。彼の場合は日常的に相談に乗ってくれるスタッフやレジデントが周囲にいたから歯止めがかかったが、そういう環境がなければ、正直、どうなっていたかわからないと本人も認めている。

こういった様々な溝は、すぐには埋まらない。目的地に瞬間移動するわけにはいかないのだ。時間もかかるし、プロセスも必要だ。費用もかかるし、その必要性を認め、支援を後押しする政策も必要だ。被害者支援が先か、加害者支援が先か、と優先順位をつけるのではなく、被害者も加害者も、そして各々の家族や周囲も、ニーズのある誰もが長期的かつ継続的なサポートを受け、変容を遂げていける場が必要なのだと思う。

罪に向きあう道程に、何が必要なのかを夢想してみる。疲れた足を休めるためのベンチがあるといい。それから、いつでも誰でも立ち寄れる、寄り合い所のような場。カフェのようなくつろげる空間や、身体をほぐしたり、瞑想したりする空間もある。お茶を飲みながら漠然とした不安について、または直面している今ここにある危機について語り合えるような場。必要に応じて専門家のアドバイスやケアを受けられる。子どもや女性が安心して参加できるプログラムもある。言語だけでなく、多様な表現方法を使ったプログラムが存在する。一ヵ所だけでなく、あちこちに。ただし、その場所が何であるのかわからなければ、道ゆく人は、ただ通り過ぎていってしまうだけになるから、案内板も必要だし、それらは、人目につく場所にあることが鍵だ(3)。同時に、安全性を確保する必要性があるから、細かい配慮が欠かせない。さらには、より多様なつながりを持つ必要があるから、開かれた出会いやそのための仕組みも必要になってくる。課題は山積みだ。

ゲットーのクリスマス

話を映画『ライファーズ』の撮影時に戻そう。

二〇〇二年、LAのサウス・セントラル。

クリスマス前の数日間、私と撮影クルーは、チャールズの密着取材をした。弟のケルビンはまだライファーズの一人としてドノバン刑務所に服役中で、チャールズは、LAのアミスタッドでスタッフをつとめていた頃のことである。

アミスタッドは低所得者や生活保護受給者が多く暮らすゲットーの只中にある。近隣に暮らす子どもたちにとってクリスマス・プレゼントとは、テレビドラマやアニメの中の世界でしかない。そこで、チャールズと数名のレジデントらが提案し、クリスマス・プレゼントを近隣の子どもたちに配ることになった。企業に電話をかけ、寄付を募る作業を夏頃から開始していた。地元にあるおもちゃや菓子のメーカーを調べあげ、片っ端から電話で打診する。OKが出たところには、スタッフとレジデントが車で出かけていき、品物を引き取ってくる。そうして倉庫いっぱいになった人形やゲームなどをレジデントたちがクリスマスの包み紙でラッピングし、クリスマスカードにそれぞれがメッセージを添えていく。プレゼントを包みながら、チャールズが言った。

「ここの二つの区画を合わせて一〇〇人ぐらいの子どもがいる。俺たちも皆ゲットー生まれのゲットー育ちだからわかるんだけど、ゲットーで生まれ育った子どもは、人生の最初の時点から、まともに生きる権利を奪われているんだ。貧しくて、日常は暴力で溢れていて、家庭も路上も学校も、どこもかしこも危険だらけ。だからせめてクリスマスぐらいは、子どもたちがささやかな楽しみを感じられるようにって思いついたんだ。」

クリスマス当日の朝、チャールズは、七、八名のレジデントに声をかけ、二ブロック先の公園にプレゼントを運んでいくことになった。雲ひとつなく、強い日差しが降り注ぐなか、身体じゅう入れ墨で筋骨隆々の男たちが、サンタクロースの帽子をかぶり、大きな袋をいくつもひっさげてサウス・セントラルの路上を闊歩した。ドスの利いた声で「ホーホー！ 良い子にプレゼントを持ってきたよ。公園に集合！」と叫びながら。その姿はあまりにも不釣り合いで、レジデントたちからは失笑をかっていたが、子どもたちは大喜びだった。私たちの撮影の様子も興味をそそったのだろう、暇を持て余していた子どもたちが建物から次々に飛び出し、そして、私たちを取り囲むようにして公園までの短い道程を行進した。

公園に到着すると、子どもたちは、押し合いへしあいでぐちゃぐちゃだった。「二列に並んでくれよー。押し合わないでな。全員分あるから、焦らなくていいよ。兄弟が来れなかった子は、名前と年齢を言ってくれれば渡すから。」入れ墨だらけでサングラスをかけた若者が、太く大きな声で叫び、長い列が二つできあがった。レジデントたちは、一人一人に名前を聞き、「エステファニア？エステファニア、クリスマスおめでとう！」と語りかけていった。もぎとるように受け取る子、もじもじして手を差し出さない子、何度も列に並び直そうとする子、親の分まで要求する子、私たちのカメラにウィンクと投げキスをする子……。そんな光景を優しい眼差しでみつめながら、チャールズは言った。

「コミュニティへの貢献は、俺たちが犯してきた罪への償いの一つでもあるんだ。ここにいる俺たちは全員、前科者だ。長い間、コミュニティに迷惑をかけてきた。ゲットーの子どもたちがまともに生きる権利を剥奪されてきたのは、俺たちのせいでもあったんだ。ストリートで薬物の売買をやったり、銃撃戦をやったり、子どもたちを危険に陥れてきたのは俺たちだったからね。しかも、プレゼントを配ってるダニーやジミー・エスピノーサは、チカーノ（メキシコ系）の敵ギャングだったから、アミティにつながっていなけりゃ、こうして一緒にプレゼントを配るなんてありえなかった。かつては、たまたま居合わせただけで、殺し合いになるような仲だったから、奇跡だよね。」

彼らの多くは、アミティがカリフォルニア州の七ヵ所で展開している刑務所内プログラムのいずれかの出身者である。「奇跡」を実践できるのは、彼ら自身が服役中にやはり同じような体験をしているからだ。アミティではクリスマスや誕生日には、特別の食事会やセレモニーを行ってお祝いをする。映画『ライファーズ』のなかには、キリストの誕生を祝うクリスマスと、受刑者の誕生日会を合わせたシーンが出てくるが、彼らの多くは誕生日を祝ったこともなければ、生まれてきたこと自体を肯定的に受け止めることもできずにいる。「自分が生まれた誕生日を一言で言い表すなら?」とスタッフに聞かれて、質問の意味がわからず聞き返す受刑者。「贈り物をしたいが、受け取ってくれるか?」と言われて思わず「いらない」と首を横に振ってしまう受刑者。そんな受刑者一人一人に、レジデント同士で祝い合ったり、LAやツーソンの社会復帰施設からもカードを送ったりして、それぞれの誕生に意味があるということを確認させていく。受刑者の多くには子どもがいるが、彼らの誕生日やクリスマスにもカードを書くことを勧め、アミスタッドがプレゼントを代行で贈ったりもする。服役以前から家族関係が断たれている場合が多いため、こうしたきめ細やかなサポートをすることによって、家族関係の修復を、刑務所の中から行おうとしているのだ。そして社会復帰した後には、彼らが今度は変容のエージェントとなって、外の世界で実践していく。

足下からの脱ゲットー化

LA南部のコンプトン。

私はチャールズや弟のケルビンの取材を行うにつれ、二人が幼少期を過ごし、そしてチャールズが今もなお暮らす町に行ってみたいと思うようになっていた。手のつけられない粗暴な二人が育った故郷とはいったいどんな所なのか。チャールズに、コンプトンで撮影をしたいと言うと、渋い表情を見せ、即座に「難しいと思う」と言った。コンプトンといえば、サウス・セントラルやワッツと並んで悪名高いゲットーであり、ギャングのメッカでもある。チャールズもケルビンもかつてはクリップスという西海岸で最大規模のギャングの一員で、「ケリー・パーク・クリップス」という支部を組織し、コンプトンの町を仕切っていた。チャールズには「ゴロツキ（bastard）」、ケルビンには「ゴロツキ・ベイビー（baby bastard）」というストリート・ネームが与えられ、誰もから恐れられていた。ここでは、カメラを路上で構えるだけで銃だと間違われて銃撃される危険性があるのだから、チャールズが撮影を躊躇するのは当然といえば当然だ。

実は、映画の撮影が始まってから数日後、私と撮影クルーは危険な場面に遭遇していた。その日、サンディエゴで、釈放直後の若者を取材することになっていた。事前のロケハンの際に刑務所の中で出会っていた薬物依存症の男性で、アミティのプログラムに参加してまだ数ヶ月程度だったが、ライファーズの一人レイエスから刺激を受けたと言い、釈放後も、別の薬物依存者の回復施設で生活する予定だと言っていた。

指定された施設に電話をかけると、そのような名前の住人はいないという。携帯にかけてみると、回復施設に行くのはやめて友人の所に身を寄せているという。数分後、ある通りで会おうという。行ってみると人影がなく、携帯が鳴った。待ち合わせ場所を再び変えるという。異様だと察した運転手兼コーディネーターのフェルナンドが、行くのをやめようと言った。彼は私が電話をかける前から、相手に決して私たちの宿泊先を知らせてはならないと言っていた。私はもう少し様子を見ながら留まるべきだと主張した。しかし、フェルナンドは頑として聞き入れず、私の指示を無視して車をUターンさせ、引き返した。そして、鳴り響く携帯の電源を消すようにと言った。私たちは、強盗の標的にされているというのだ。相手を袋小路におびき寄せて誘拐したり、略奪したりというのは、彼らがよく使う手口なのだという。私たちの場合は、高価な撮影機材が狙われたようだった。そういえば、その何年か前、東海岸のゲットーで撮影をした際にも何度かヒヤヒヤする出来事があった。何事もなく助かったのは、同行者のおかげだった。両者とも、その地域、もしくは別のゲットーの出身者で、ギャング特有の志向を理解し、危険をあらかじめ察知していた。フェルナンド自身、かつて西海岸のラテン系ギャングに属していたから、確かに彼の説明には説得力があった。

一方、コンプトンでは、同行者としての条件を全て兼ね備えたチャールズが取材対象だ。きっとなんとかなるはずだ。そう確信して、私は撮影の可能性を打診し続けた。二週間ぐらいたった頃だろうか。根負けしたチャールズは、自宅にならば私たち撮影クルーを連れていってもいいと言った。ただし、車中からでもカメラはのぞかせないこと、チャールズの自宅に近づくまでは決して機材を出さないこと、その他撮影にあたっては彼の指示に従うことなどを約束させられた。

サウス・セントラルのアミティから、フリーウェイを走って二〇分程で、目的地のコンプトンに到着した。「売り出し中」とペンで殴り書きした紙がはられたポンコツ車、車のホイール部分のみを路上で売る人、路上のあちこちに散乱するゴミ、大音量のヒップホップを鳴らしながら通り過ぎる改造車、その運転席からの突き刺さるような厳しい目線、スウェットシャツのフードをかぶった若者の警戒した硬い表情……。チャールズが躊躇したのがわかる気がした。サウス・セントラルよりさらに、私は緊張した。

しばらく走ると、人が何人も出ている家があった。思いっきり手を振る少女、幼い男の子を抱きかかえる少年の姿、こちらに駆けてくる女の子。チャールズの子どもや、ケルビンの子どもたちだった。ケルビンの子どもたちは里親の所に身を寄せていたが、チャールズの家にしょっちゅう遊びにきていた。私たちが撮影を始めると、隣人たちも出てきた。その中には、元児童館の職員で、チャールズやケルビンが幼い頃からよく知っているという高齢の女性や、子どもの頃二人と一緒によく遊んだという車椅子の中年男性もいた。彼らはチャールズの兄弟がギャングであったことや、前科があることを知っていた。

誰でも過ちは犯す。問題はその後をどう生きるかだと、二人は繰り返し私たちに向かって言った。「あんたの家族にだって、犯罪者の一人や二人はいるでしょう?」女性が、当然のように聞いてきた。いないと答えると、驚いた表情を見せ、「それじゃあ、叔父さんとか従姉とか、親戚にはいるでしょう?」と、また当然のように聞いてきた。「友人にはいるけど」と答えると、いくぶん安心したように手をあげ「ほらね」という顔をした。車椅子の男性は十五歳の時に銃撃戦に巻き込まれて足を撃たれていた。違法ドラッグの使用や売買に手を染めていたこともあった。二人は何度もこう言った。「ここに暮らす私たちのなかで、犯罪と関係のない者なんていない」と。犯罪がそれほどまでにも身近だということを、私は改めて実感した。

チャールズは出所後、アミティの社会復帰施設に二年ほど身を寄せたあと、あえてコンプトンに戻ってきていた。今までと違う生き方をしたいなら、悪い環境からは身を離すというのが鉄則だ。ここには、かつてのギャングの仲間はもちろんのこと、敵のギャングも暮らしている。悪い誘惑が満ちあふれているはずだ。しかし、彼は、ゲットーの文化を自分の足下から少しずつ変えていきたいと考えていたのだった。近所の子どもたちのバスケットボールのコーチを務め、子どもたちの相談にのっていた。ギャングという安易な道に走るのではなく、将来のビジョンを持って生きられるように、自分の育った地域で脱ギャング化を行おうとしていた。同時に、そんな今までとは違う父親の姿を、自分の子どもやケルビンの子どもに見せることで、今までとは違う生き方を選択してほしいと言った。そして、チャールズはそんな姿を少しずつ、私たちにも撮影させてくれるようになっていった。

ある日、被害者の話になった。チャールズは、傷害致死で五年間刑務所に服役したことがあったが、その被害者の兄にあたる人物が近所に暮らしているという。その男性に話を聞きたいというと、彼は一瞬考え込んだが、直接行ってみようと言った。ある日の夕方、私たち撮影クルーはチャールズの運転する車に乗り込んだ。窓外では夕陽が沈みかけ、車中ではチャールズがお気に入りのJay－Zというラッパーの音楽が流れていた。

事件のいきさつはこうだ。チャールズは、モーテルに八人の仲間と集まり、薬物の売買について打合せをしていた。そこで仲間と言い争いになり、一人をボコボコに殴り倒した。それでも気が済まず、銃を自宅から取ってきた。引き金に指をかけたまま、銃を構えた。自分より年輩の仲間ドン・ファンが「銃はおろせ」と仲介に入ってくれたが、誤って発砲してしまった。気がつくと、ドン・ファンが足下に横たわっていた。酔っぱらって倒れたと信じたかった。身体を抱きかかえて起こした。「大丈夫か」と聞いたが反応がない。真っ白なTシャツの右脇あたりから血が流れていた。銃弾が左の腹あたりから右脇まで貫通していた。自分にとって兄弟のような存在の仲間の命を、自らがこの手で奪ってしまったのだった。仲間は動転して、クモの子を散らすように逃げていった。外に出ると、警察がすでに待ち構えていた。

弟のダレルも殺され、仲間も死に、周りは死で溢れていた。目の前の死体がドン・ファンではなく、自分であれば良かったのに、と何度思ったことだろう。もう、こんな生活はまっぴらだと思うようになり、祈るようになった。そして、受刑者仲間の勧めでアミティに参加するようになってからは、その事を繰り返し語った。何度も気がおかしくなるかと思った。そのうち、自分のしたことを、一生背負い続けていかなくてはならないと思うようになった。そうして釈放された時、真っ先に訪れたのが、彼の家族の家だった。被害者遺族にあたる母親と兄貴、その子どもたちには殺されても仕方ないと思い、腹をくくって訪れた。そして、ドン・ファンを殺してしまったことについて謝罪した。彼らは怒るどころか、謝罪に来たことに感謝し、彼の死を一緒に哀しんでくれればいいと言った。そして、家族を殺めたチャールズに対して、新しい人生を歩んでほしいとまで言ったのである。

私たちがコンプトンに到着した頃には、陽が完全に沈んでいた。チャールズは、携帯で被害者の兄を呼び出してくれていた。呼び出した先は、事件の起こったモーテルが通りをはさんで見える路上で、薄暗い電灯の下には、すでに三人の男性が待っていた。チャールズは各々と拳骨で挨拶をし、そのうちの一人に、私と撮影クルーを紹介した。被害者の兄、リチャード・ジョンソンだった。左手に、携帯とプラスチックのコップを握りしめていた。アルコールの匂いが鼻をついた。

「血のつながった弟が殺されたけれど、ここにいるチャールズだって弟みたいな存在なんだ。それにチャールズの両親、伯母、従兄弟と、一緒に育ってきたんだ。ゲットーでは日々事故が起こる。もし、チャールズの命を奪ったところで、弟は戻ってきやしない。殺したところで俺がいったい何を得るというんだ？　弟が二人も奪われてしまうだけじゃないか。」

チャールズはリチャードの話を聞きながら、大粒の涙を流し、何度も腕でぬぐった。彼には事件について、別の日に話を聞いていたが、インタビュー中、話のところどころで大きく息を吸ったり吐いたり、沈黙したりと、いまだに事件について語るのは堪えると言っていた。そんなチャールズの横で、リチャードは身振り手振り、興奮気味に、身を乗り出すようにして話し続けた。

「弟には子どもがいた。彼らにも、同じように話してきた。だから、仕返ししたところで、父親は戻ってこないことはわかっている。前へ進まなきゃなんないんだよ、俺たちは。より良く生きていけるように、ゲットーを変えないと。仕返しにしがみついていたら、皆不幸になっちまう。」

意図的な殺人ではなかったが、そうだとしても、家族を殺された哀しみやつらさは変わらないだろう。しかし、リチャードはチャールズに対する復讐ではなく、コミュニティ全体の再生を願うという、もう一つの解決法を選択したのだった。そういう発想が可能だったのは、殺し殺され、という状況が日常茶飯事だったということや、リチャードがクリスチャンであったということ以上に、人間のつながりがこのコミュニティにはそもそも存在していたということが大きいと思う。加えて、チャールズがあえてゲットーという過酷な場に戻ってきたのも、こうした被害者遺族とのやりとりがあったからに違いない。

修復的な対話の場

「修復的司法(4)(Restorative Justice)」という発想を私が耳にしたのは、一九九〇年代の半ばのことだったと思う。その頃私は、死刑をめぐるテレビ番組の取材を通して、従来の司法制度の限界を感じていた。海外で実践されている、オルターナティブな犯罪への対応方法に関して調査を進めて行くなかで出会ったのが、修復的司法だった。

修復的司法とは、非行や犯罪を、従来の刑法に従って「国に対する侵害」と見なすのではなく、「人や人間関係に対する損害」と捉える発想であり、犯罪によって生じた問題を解決するために、加害者と被害者の関係改善を試みるアプローチだ。事件が起こると、被害者、加害者、影響を受けたコミュニティの三者が集い、対話を通して、修復を試みていく。修復といっても、元の状態に戻すということではかならずしもなく、事件の質や参加者によってその内容は異なる。多くの場合、ファシリテーターと呼ばれる第三者が対話の進行を行う。参加者は損害を認め、修復を望み、各々のニーズを認める姿勢があることが前提条件だ。[5] 北米のネイティブアメリカン、ニュージーランドのマオリなど先住民による古来の問題解決法にヒントを得て、一九七〇年代にカナダで応報的司法の対抗軸として始まったとされるが、司法制度と敵対関係にあるわけではなく、司法との距離や関与の仕方も様々だ。[6] 南アフリカの「真実和解委員会」のように、大規模殺戮後の社会的対応策としても使用され、運営母体も個人やNPOから政府組織までと幅広い。修復的司法の提唱者の一人ハワード・ゼアは、修復的司法は、もはや犯罪や悪事への対応策にとどまらず、人生全般に対するアプローチであり、生き方そのものだという。

私は一九九九年に、この修復的司法の実践例をテレビ番組で紹介した。[7] 当時、ミネソタ州のレッドウィングにある少年院では、この修復的司法プログラムを始めたばかりだった。少年の社会への再統合を意識したもので、希望者を募り、社会復帰の時期に合わせて家族集団会議（family group conference）という対話の場を持っていた。私たちの取材対象者のひとり、十六歳のエリック・ランドリッチは、一年余りの間、怒りをコントロールするプログラム、喪失に関するグループ、被害者共感プログラムなどを経て、自らが起こした事件の被害者との関係を修復したいと思うようになっていた。そして、この修復的司法プログラムに応募し、三ヶ月程かけて家族集団会議を開く準備をすすめていった。

エリックは仲間と、三軒の家や店に強盗に押し入った。そのうちの二軒の被害者は家族集団会議への参加を拒んでおり、参加を希望したのは、同学年の少女がいる一軒のみだった。共犯者からも参加を拒まれていた。誰が家族集団会議に参加するかや場所や時期は、レッドウィング少年院の教官であり、この修復的司法プログラムを発案したコーディネーターのケリー・プレビルとエリック本人が相談して決めていく。人数や顔ぶれは毎回異なる。当日は、被害者一家、エリック自身の母親、姉、祖母、学校の担任、カウンセラー、警察官、検察官、少年院の職員など、総勢十八名が、エリックの地元の公民館に集まった。ファシリテーターはケリーがつとめ、それぞれが事件やその時の気持ちについて、また事件が与えた影響について、具体的に語っていった。そして、エリックは謝罪を行い、最後には、全員で十三項目に及ぶ同意書を作成した。二時間弱という時間の中で。

私が実際に立ち会って特に印象に残ったのが、被害者の語りだった。エリックが盗んだ物は、彼にとっては単なる物に過ぎなかったが、被害者にとってはそれぞれに思い出や意味があったこと。自宅、しかも自分の部屋というプライベートな空間に侵入されたことで、被害者は不眠や人間不信に陥ったこと。誰かが隠れているのではないかと、いまだに恐怖心がつきまとっていること。その一つ一つが、とても重く伝わってきた。幼なじみの少女は、エリックと一緒に遊んだ思い出についても触れ、事件が起こる以前から、悪い仲間にそそのかされて素行が悪くなっていく彼を心配していたと涙ながらに語った。エリックは顔を真っ赤にしてうなだれて聞いていた。床には涙がぽとぽと落ちた。

ここではまた、被害者も、加害者の人間的な側面を目の当りにすることができる。謝罪がたとえ「ごめんなさい」という一言であったとしても、その言葉が出て来るまでの道程を、参加者の様々な証言を通して知ることができる。そして、何よりも、変容を遂げた加害者の姿を伴って謝罪の言葉が伝わってくる。この現場は、私にとっても被害者と加害者が直接対話する場の効果を目の当りにする、説得的な出来事だった。

同時に、被害者と加害者を取り巻くコミュニティの重要性をも実感することになった。それまで私は、当事者以外を関係者として含むことの否定的側面ばかりが気になっていた。世間は加害者に厳しい。少年の立ち直りや被害者の回復を後押しするどころか、阻害する危険性もある。事実、日本の場合、裁判官よりも、一般市民のほうが罪を犯した少年に厳罰的という調査結果がある。(8) しかし、それは今回の家族集団会議に関しては杞憂に終わった。たとえばエリックが少年院で頑張ったこと、家族に対する思いやりや優しさなどを、少年院の職員や家族が語る。それに対して、彼が今までに行ってきた様々な問題行動について検察官や警察官が厳しく指摘する。カウンセラーや学校の担任は、彼の良い所も認めつつ、手を焼いていたことを認める。そして、誰よりも手厳しいコメントをしていた警察官が、最後にこう言ったのだ。「今まで君のことはどうしようもないと思っていた。打つ手はもうないとさえ思っていた。しかし、今日の君を見て考えが変わったよ。君をもう一度私たちのコミュニティに迎え入れたいと思う。おかえりなさい、エリック。」

このような修復的な対話の場は、もともと窃盗や物損などの軽犯罪を想定して始められた。しかし、今では殺人やレイプなどの取り返しのつかない罪状についても、少しずつ行われるようになっている。テキサス州では死刑にも適用される。ただし、全ての事件に対応できるわけではない。エリックの共犯者や二軒の被害宅がそうであったように、参加を望まない加害者や被害者も多い。事件が深刻であればあるほど元に戻すことは困難であるから、被害者には加害者と同席すること自体堪え難いと感じる人もいる。そして加害者は被害者と直面することを躊躇する。だから、対話を実現するには、被害者も加害者も、それぞれが抱える様々な問題への支援と、そのためのしくみが必要だ。対話は一度だけではなく、複数回重ねることが必要なケースもある。定期的に対話をし、数年かけて問題を解決しようとするサークルと呼ばれるアプローチもある。手紙などの間接的な方法から対話に至ったり、直接の事件ではなく、別の事件の加害者に向けて語りかける「被害者インパクト」という方法を選ぶ被害者もいる。さらには、加害者が刑務所に収容されている場合は様々な制約がついてくるため、大規模な家族集団会議を開催することは物理的に難しい。その場合は、被害者と加害者とファシリテーターのみの小規模なスタイルもある。いずれにせよ、時間と様々なプロセスと資源が必要であることは言うまでもない。

コミュニティや私たちを取り巻く世界、そして人との関係をどう見るかという点も欠かせない。たとえばツーソンのサークル・ツリーでは、ネイティブアメリカンの考え方やセレモニーを使っている。毎週一回、陽が沈む頃に参加希望者が集まり、スェット・ロッジというセレモニーを行う。まず、布でできたテントの中に数名が入り、円を描いて座る。熱した石を中央に置き、チーフが儀式をリードする。私も何度か参加させてもらっているが、初めて参加したときのことは忘れられない。隣に座ったのが、ネオナチの少年だったのだ。ブートキャンプという軍隊式の少年院から出てきたばかりだというその少年は、スキンヘッドで身体じゅうにナチのシンボルであるカギ十字の入墨をいれていた。セレモニーが始まる前、私は内心とても怖かった。できれば違う人の隣に座りたいと思っていた。

セレモニーは、外界から完全に遮断された中でやるので真っ暗だ。土の上に直接座り、大地と一体になった状態で「私とつながる全ての存在に感謝します（to all my relations）」という一文を、それぞれが唱えるところから始まる。そして、それぞれがその場で感じたことを語りあったり、大地の神に感謝したり、赦しを乞うたりする。ネオナチの少年は、誰よりも人を怖がっているように見えた。私は彼と同じパイプでネイティブのタバコのようなものを吸ったり、同じコップで水を飲んだり、手をつないだりした。二時間程度のセレモニーが終わって外に出てきたとき、彼に対する恐怖心は完全に消えていた。

LAのコンプトンに暮らすチャールズと被害者遺族のリチャードはどうだろう。修復的司法にあてはめて考えることはできないだろうか。フォーマルな対話の場が設定されたわけではないが、被害者遺族との対話によって、チャールズはコミュニティへの様々な貢献や、脱ギャング化を意識した具体的な「償い」を行ってきたといえる。

アミティの創設者ナヤ・アービターは言う。

修復するということ、そして修復的司法というものが、被害者と加害者間の直接的な修復だけではない、様々なレベルの修復を起こしていくのが、私たちの理想です。個人それぞれの感情面が、いかに粉々に壊されてしまったかということについての再記憶化（re-membrance）が、それぞれの内で起こるということです。これは、被害者、加害者に限った話ではなくて、両者を取り巻く周囲の全ての人間にあてはまることです。人々が内的にも人生を取り戻せるようになれば、被害者および加害者の声を聞き入れる態勢ができ、それによって償う能力も高まるはずです。

二〇〇八年のホームカミングで、チャールズと弟のケルビンは数百人の聴衆の前に立ち、掛け合いでスピーチをした。

私たちはかつて刑務所に収監されていました。収監されるということがどういうことなのか、一人一人がしっかりと覚えておく必要があります。弟のケルビン、服役中のレイエス、そして今日ここにいる人々は、「ブリッジ・ビルダー（橋を架ける人）」だと思います。ここから観客席を見渡すと、そこにはたくさんの「架け橋」が見えます。それらはとても安定した橋であり、安定した基盤であり、安定した人間関係です。ここにいる弟と私も皆さんと同様、幾つもの架け橋をつくる機会に恵まれてきました。敵対するギャングとの間、家族同士の間、弟と自分との間、子どもたちと自分との間、アフリカ系以外の人種や民族との間。今では、自分とは違う人種の友人がたくさんいます。私たちは、自分たちが壊したコミュニティに戻り、壊した橋を架け直していかねばなりません。自分たちがもっとも損害を与えてきた場所は、ここLAです。ここでこうして活動をすること自体が、橋を架ける営みです。そのなかには、専門家との関係を築くことも含まれます。刑務所に収監されている者に関心をもち、私たちが皆何者かであり、成長し、前進できる存在であるということを信じてやまない人々。それは、保護観察官、警察官、議員、それ以外の職についている人々かもしれません。同時に、亡くなってしまった仲間のことも忘れてはなりません。彼らは、私たちの「自由」への旅に、手を貸してきてくれた人たちだからです。

大きな拍手が二人を包んだ。この日、ドノバン時代の仲間と再会し、拳骨を軽くあわせて挨拶しあったり、ハグしあったりするケルビンの姿をあちこちで見かけた。そのたびに、服役中、もしくは釈放直後の彼の姿が重なり、胸があつくなった。

第八章　ランカスター

photo by Rod Mullen

繰り返しますが、現在の監獄制度に関する改革案を、それ単独で考えるのではなく、私たちの社会の様相を根本的に変えうる、一連の対策の一部として想像する必要があります。もし、それらの対策が、人種差別主義、男性支配、ホモフォビア、階級的偏見、その他の抑圧を生み出す構造を問題視しないならば、結果的には社会の脱監獄化を導くことにはつながらないでしょう。

アンジェラ・Y・デイビス(1)

処遇される側から処遇する側へ

二〇〇二年十一月、私は、アミティが運営するもう一つの刑務所プロジェクトを訪ねた。カリフォルニア州ランカスター。

LAの中心街から車で一時間半ほど北上し、ハイウェイを下りると大型倉庫やショッピングモール、郊外特有の住宅街が広がる。数分も走ると砂漠地帯にさしかかり、見慣れた建物が目に入る。刑務所だ。

カリフォルニア州立ロサンジェルス郡刑務所(以下、ロサンジェルス刑務所)。対応が最も困難とされる重犯罪者を収容するレベルⅣのMAX（最重警備）施設だ。LA郡一帯から送られてきた受刑者四〇〇〇人余りが収容されているが、収容人員は一二〇〇人だから、三倍強を抱える過剰収容だ。TCの規模はサンディエゴのドノバン刑務所と同様で、二〇〇名の男性受刑者を対象としていた。アミティにとってはカリフォルニアではドノバンに次いで二番目の刑務所内TCだった。

私はこの刑務所を訪れたのは初めてだったが、初めてのような気がしなかった。高圧電流が流れるフェンス、パノプティコン型の監視塔、幾つものチェックポイントと鉄のドア……。そしてそれらに伴う独特の緊張感は、刑務所に共通する刑務所文化とも呼べるものだと思う。

職員専用口に、大柄の男性が立っていた。トレンチコートを羽織り、その下にはパリッとしたスーツを着込んだ、貫禄ある中年男性。それが、ジミー・キーラーであることに気づくまでには、しばらくかかった。

「ロサンジェルス刑務所へようこそ！」聞き覚えのある、張りのある太い声と共に、ジミーは両手を大きく広げた。彼は、この刑務所のTCで代表をつとめていた。私は彼と、力強いハグを交わしながら、「これがあのジミー？」と、不思議な感覚にとらわれていた。

彼と出会ったのは四年前で、アリゾナの社会復帰施設でインターンになったばかりの頃だった。刑期を終えてすでに数年が経過していた。薬物を断ってはいたようだったが、安定しているとは言い難かった。人一倍威勢はいいが、重要な任務を任せられると、あれこれ口実を見つけて逃げようとしたり、禁止されているのにレジデントの女性と関係を持ったりして、問題になっていた。前途多難という感がぬぐえなかったその彼が、数年後、刑務所プログラムの代表になったと聞いて、内心、大丈夫だろうかと不安を感じたぐらいだ。

実はジミー自身、ドノバン刑務所内TCの卒業生でもある。彼は小学校四年生から三〇代までの二十数年間、覚せい剤やヘロインを含む、様々な薬物を使い続けてきた。薬物絡みの傷害や強盗罪に問われ、十年近くもの間、複数の刑務所に服役していた。現在の勤務地であるロサンジェルス刑務所にも四年ほど服役していたことがある。そこには当時の彼を知る受刑者もいて、皆口を揃えてジミーが「ワルの中のワルだった」と言う。職場の廊下に貼ってある当時の写真からも、当時のワルぶりは見てとれる。黒いサングラスに肩から腕を覆う入れ墨、盛り上がった筋肉、固く結んだ口元、キンキンに突っ張った顔。映画『ターミネーター』のポスターを彷彿とさせる風貌だ。

ジミーの非行歴、犯罪歴は長い。LA郊外のサンフェルナンド・バレーで育った彼は、九歳の頃に友達からすすめられてマリファナやピルなどに手を出した。十一歳ですでに薬物依存症と診断され、民間の薬物治療施設に入所。彼を幼い頃から育ててきた養父母が、良かれと思って入所を承諾したのだったが、養親にまで捨てられたと感じたジミーは、狂ったように、斧で自分のベッドを壊したという。そして、それまでにも、それ以降も、窃盗やいじめを含む暴力事件を起こしては補導され、停学・退学処分を受けた。十七歳までの六年間、「処遇困難児」として、少年向けの矯正施設を点々とした。養父母はその間に離婚。養母の元に戻るが、すぐに問題を起こす。十八歳の時、車の窃盗で起訴され、成人用の受刑者番号D４４６０６を与えられた。以来、三〇代前半まで、刑務所を出たり入ったりの人生だった。

ヘイトクライムと呼ばれる人種偏見に基づいた暴力沙汰も数多く起こしてきた。十代半ばから所属してきたギャングは白人優越主義のグループで、ベトナム系やラティーノなど、マイノリティに対する暴行や強盗を数々行ってきた。ただし、ほとんど捕まらずに逃げ切ったという。

「俺は殺人罪に問われたことはない。でも、それが無実を意味するわけじゃないってこと、わかるよな?」そんなことをジミーがグループのなかで言ったことがある。レジデントらは、軽くうなずいたり、鼻を鳴らしたり、目で合図したりした。私にはジミーの言葉の意味がすぐには飲み込めなかったのだが、彼らには常識として理解されているようだった。そのことに、私はさらにショックを受けた。

ジミーにとってドライブ・バイ・シューティング(車上からの銃撃)や暴行は日常茶飯事だった。血を流し、動かなくなった身体から金目のものを奪いとり、売りさばいた。それも一度や二度ではない。当時は罪悪感など抱かなかったという。白人以外は人種的に劣っていて、社会に不要だと信じ込んでいた。ギャングのメンバーにとっては、警察に捕まる捕まらないは単なるゲームで、逮捕歴や服役回数は、ジミーによると「名刺代わり」だった。

「九、十歳の頃から、すでに皆に怖がられていた。子どもだけじゃなく、大人からもね。怒り、憎しみ、羞恥心といった感情をどうしたらいいのかわからなかった。だから、そういう感情と向き合わなくてすむように、タフに振る舞ったんだ。」

アミティの刑務所プログラムでは、彼のように暴力傾向が強く、思春期以前から問題行動や非行を起こし、矯正施設の入所を繰り返してきた者が多い。彼らは人生の早期に、「更生不可能」の烙印を押されている。そして見事なまでに、「変わることはできない」と彼ら自身が信じ込んできたことが、彼らの話を聞くとわかる。ジミーもその一人だった。

しかし、今目の前にいる彼は、ビシッとしたスーツ姿も手伝って、別人のようである。十年前、この同じ刑務所で受刑者だったとは想像もできない。看守らに向かって、「調子はどう？　風が強いな。吹き飛ばされないように、腰のこん棒にしっかりつかまってろよ」などと冗談を交え、自ら積極的に声をかける。遥か遠くに見える人影も見逃さず、大きく手を振っては存在を確認し、挨拶を交わす。その気配りや、堂々とした立ち振る舞いに、私は感動すら覚えた。

服役体験者の多くが、当局に対して根強い不信感や嫌悪感を抱くと聞いている。屈辱的な扱いを受けることも多いからだろう。人生の半分以上を「処遇される」立場だったジミーにとって、「処遇する」側の人間に対する嫌悪感やコンプレックスはないのだろうか。仕事とはいえ、かつて身を置いた刑務所に通うことに抵抗はないのだろうか。そんなことを聞いてみた。

「ノー！」彼は躊躇せずに答えた。以前は看守という存在を憎んでいたことや、刑務所の生活は二度と思い出したくないと思うことがあったことは認めたうえで、それはとっくに乗り越えたという。

「自分は、同じ受刑者仲間に助けられたんだ。誰もがお手上げだった乱暴者のこの俺が、だよ。非人間的な状態から抜け出す鍵を、仲間から渡されたんだ。その鍵を必要としている仲間がたくさんいるのに、ポケットにしまいこんだままなんて、もったいないと思わないか？」

ロサンジェルス刑務所には、他の刑務所から移送されてくる「問題児」も多く、年々、扱いのより難しい、若い受刑者が増えているという。カリフォルニア州は少年でも成人扱い処遇をするケースが少なくないので、十七、十八の子どもたちが四〇代、五〇代に混じって刑務所に収容されていたりもする。親の世代から、子どもや孫の世代へと、二世代、三世代にまたがって同じ刑務所に服役する現象も起こっている。加えて薬物と暴力の問題がより深刻になっているため、カリキュラムをその時々の対象者にあったものへと常にアレンジせざるをえない。ある刑務所や社会復帰施設でうまくいったからといって、別の刑務所でうまくいくとは限らないのだ。ジミーは、「鍵穴は変形するから、仲間に渡された鍵は、そのままじゃ開かないってこともあるんだ」と笑った。

この日、刑務所内プログラムのスタッフ・ミーティングに同席させてもらった。一ヶ月後に、彼らは刑務所内でクリスマス・ディナーを予定している。受刑者二〇〇名分の食料の調達や、配食ボランティアの手配について検討していた。夏から準備を進めてきたが、刑務所側は渋っている。スタッフらがため息をつくなか、ジミーは「絶対実現しよう」と熱く語りかける。彼はこのイベントに、何か特別な思いを抱いているように感じた。それが何であるのか、そしてその思いがどこからきているのか、私は知りたいと思った。

ジミーの旅

ジミーは、ドノバン刑務所に服役中の九〇年代半ばに、アミティに出会った。刑務所に服役中も、銃や薬物を手に入れることばかり考え、トラブルを起こしては独房に送られる生活にうんざりしていた。しかし、どうすれば今までと違う道に辿り着けるのかがわからなかった。そんな頃、刑務所内TCのトレーラーが気になり始めた。そこには、自分の知らない世界が存在しているような気がした。一日の終わりに、フェンスの向こうから出てくる者たちが、彼が知る仲間たちとは違って見えたからだ。第二章で紹介したスコッティも昔からの仲間だったが、彼はアミティに参加してすでに出所していた。アリゾナのサークル・ツリーに行った彼から何度か手紙をもらい、参加を勧められてもいた。ドノバン刑務所は当時、希望者を募るという形をとっていたので、とりあえず、彼は参加希望の手紙を書いた。

初めて参加した時の衝撃は忘れないという。近親者から受けた性暴力の被害体験を語る者、親の自殺を目撃してしまったという者、親が薬物依存症でろくに面倒を見てもらえなかったという者、そのどれもが初めて聞く話ばかりだった。しかも、いつも同じヤードで見かける受刑者らが語っている。涙を流したり、激しい感情をあらわにする者もいる。とんでもないところに来てしまったと思った。

それからの数週間は、その場に居ること自体が苦痛だったという。仲間の率直な話や、泣いたり笑ったりする姿を前にすると落ち着かなくなって、逃げ出したくなった。幼い頃から感情を感じないようにしてきた彼は、自分について語るどころか、仲間の話をどう聴いていいのかさえわからなかったのだ。ただ、かつては薬物依存者だったというスタッフや、スコッティの期待に応えたくて、やめたくなる気持ちを抑えて参加し続けた。

ある時、親から棄てられたという話に、ジミーは心をかき乱された。ジミーは養子だった。八歳の頃、彼は養母から、養子であることを告げられる。自分が親だと思っていた人が実はそうではなかったということに、ショックを受けた。養父母は「本当の」親ではない。だったら何をやっても構わない。自分のなかで勝手にそう解釈した。そして、自分は棄てられて当然の、価値のない人間だと思い込んだ。養父母は、その事実がタブーであるかのように、その後一切触れなかった。混乱した彼の気持ちに寄り添ってくれる大人は周囲に一人もいなかった。

ジミーはそのうち、年上の男の子たちに近寄っていった。そして、性的な悪戯をするようになる。ある日、十二、三歳の先輩にレイプされた。母親の部屋のトイレだった。その後も次から次へと問題が降り掛かった。孤独感、棄てられた感覚、屈辱感、恥の意識……。辛い感情は感じないように、自分の内にしまい込んできた。それらの感情を再び感じ始めたのは、刑務所内TCだった。彼は一年半という期間のなかで、否認や抵抗を繰り返しながら時間をかけて問題に向きあっていった。しかし、レイプの体験は、さらに何年もかかって思い出したことだった。

「自分は野良犬以下の存在で、そんなの自分だけだと思ってきた。でも、他の受刑者仲間にも似たような体験があるというのを知って、ピーンと張ってた糸が緩んだような感じになった。それまでは辛いから傷を見ないようにしていたけど、そのことがかえって問題を起こす原因だということにも気づかされた。そして何より、心の傷に囚われずに生きている仲間の姿を目の当りにして、自分もそんな風になりたいって思うようになったんだ。」

二〇〇二年の取材時、ジミーは家族三人で暮らしていた。勤務先の刑務所からそう遠くないアパートを、私は訪ねた。ドアを叩くとパタパタパタパタと細かい足音がした。ジミーがドアを開けると、その足下から二歳半になる息子のブランドンが、猛スピードで私や撮影スタッフをめがけて突進してきた。「ブランドン流のおもてなしだ」と大声でジミーが笑った。

キッチンでは妻のマリーが夕食の用意をしていた。口元にぎこちない笑みを浮かべて私たちに挨拶した。神経が過敏になっているようで、ちょっとした音や子どもの動作にも瞬時に反応し、落ち着きがなかった。背中を痛めているとは聞いていたが、それと関係があるのかないのか、よくわからなかった。ジミーは彼女を気遣い、甲斐甲斐しく手伝っていた。

ジミーと妻は、まるで磁石のように引きつけ合っていた。非行歴、犯罪歴、薬物依存、ギャングへの帰属、養子であったことなど、何もかもそっくりだった。二人は古くからの知り合いだったが、ジミーと同じ頃に刑務所から釈放されたマリーは、共通の友人を介して再会し、ジミーの変貌ぶりに驚いたという。ただ、粗暴だった頃の彼を知っていたから、しばらくは彼が変わったとは信じられなかった。しかし、つきあってから三年間、声を荒げたことも、手をあげたこともないと断言した。「今の彼は、昔私が知っていた彼じゃない。別人よ。全くの別人。」彼女の言葉には説得力があった。

この日はジミーの養母も来ていた。体調の優れないマリーの代わりに、朝から孫の面倒を見ていたのだった。口数は多いほうではなかったが、決して冷たいわけでも、愛想がないわけでもなかった。ブランドンが昔のジミーにそっくりで、絵がうまくて表現力が豊かなところも同じだと誇らしげに言った。話を聞いてみると、幼い孫の面倒を見るために、わざわざ近隣に引越してきたという。三〇年余りの間、散々振り回されたはずなのに、血縁関係がないから、縁を切ることだってできたはずなのに、とジミーは言い、養母にはいくら感謝しても足りないと言った。

ブランドンと一緒に居る時のジミーは微笑ましかった。幼い息子と床をはいずりまわり、モンスターを装って襲いかかるフリをしたり、肩車の飛行機でアパートじゅうを走り回ったり、一緒にべッドに入ってアニメを見たり。そして、事あるごとに「パパにハグしてよ」とスキンシップを求めた。「夢を追い求める必要はもうない。ここにあるから」と格好良く言い放ったかと思うと、大きな身体を揺さぶりハイハイをしてブランドンの後を追った。自分が持てなかった実父との時間を、そうやって取り戻しているかのように思えて、痛々しいほどだった。

人種差別と勇気

映画『ライファーズ』の主人公の一人にジミーを選んだのは、かつての白人優越主義者が、マイノリティの受刑者が圧倒的多数を占める刑務所で働いているという事実に、私自身が衝撃を受けていたからだった。そんなことは可能なのか、と私は頭の中で何度も自問した。ある時彼はオフィスの机の上に飾ってある一枚の写真を指し、彼にとってはその写真を撮るという行為が人種差別を乗り越える第一歩だったと言った。人種の異なる二人の男性が、腕を組み交わしている写真。場所は刑務所のヤードらしき屋外だった。白人はジミー、黒人はケルビンで、同じ写真をケルビンの房でも見かけたことがあった。

話は九〇年代半ばに遡る。ジミーはケルビンと同じ刑務所で、同じ時期に服役していたことがある。ケルビンは兄に誘われ、ジミーは友人に誘われ、刑務所内TCに参加し始めた頃だった。二人とも十代の頃からギャングに属していた。ジミーは白人系、ケルビンは黒人系と、敵対するギャングのメンバーだった。ケルビンは当時を振り返って言う。

「ジミーと俺には共通点がたくさんあった。ジミーの話聞いてると俺の白人版って気がした。ギャングだったこと、ヤクの売人だったこと、傷ついていること、他人を傷つけてきたこと、そして何よりも手がつけられないぐらい暴力的だったこと。俺たちは同期だったから、同じグループで話すことも多かった。一年半ぐらいかけて、信頼関係を築いていったんだ。ジミーがもうすぐ出所するということを知って、彼に挑戦した。もし、俺のことを本当に友達だと思うのなら、写真を一緒に撮ろうって。ジミーは「えっ、気は確かか？」って驚いてた。俺が本気だと分かって、あいつもやる気になった。実際の撮影では、ヤードが騒然としたんだ。ヤツらのすごい形相、今でも目に焼き付いてるよ！」

「ヤツら」というのはそれぞれが所属していたギャングの仲間たちのことである。アミティに参加した時点で彼らとは手を切っていたつもりだったが、正式な脱会手続きがあるわけではなく、完全に手が切れたとは言い難かった。ジミーは二〇年以上経つ今も報復を恐れて、かつてのギャング名を公表していない。

男性刑務所では一般に、異なる人種間の交流はない。というのも、米国の刑務所には、彼らが「刑務所の掟（prison politics）」と呼ぶ暗黙のルールが存在し、人種別のギャングが受刑者の生活を仕切っているため、人種が違えば「敵」になるからだ。外のギャングと刑務所内はつながっていて、刑務所内の動きは外にも影響を及ぼす。その逆もまたしかり。服役前にはギャングに所属していなかった者も、刑務所暮らしを生き延びるために巻き込まれてしまうことが多い。そのため、黒人ギャングと白人優越主義のギャングの二人が、腕を組み交わして写真を撮るということ自体が、考えられないことだったのだ。逆に言うと、この行為は命とりで危険だった。暴動の種にもなりかねない。元の仲間からは裏切り行為と見なされ、どちらかが、もしくは両方が殺される危険性もあった。それでもあえて、二人は写真を撮った。なぜか。

アミティでは、暴力や家庭環境の問題と同時に、人種、セクシュアリティ、貧困などをめぐる偏見や社会構造の問題にも、積極的に向きあってきている。それは、サンクチュアリをテーマにした一週間のリトリートの最中だった。二〇人程度の少人数で、南アフリカの「真実和解委員会」の取り組みに関するドキュメンタリー映画『Long Night's Journey into Day（日に向かう長い夜の旅）』(2)を見て、ディスカッションを行うというものだった。参加者は人種も年齢も経験も様々だった。場所が刑務所というだけで、まるで大学のゼミに参加しているかのようだった。

まずナヤが、そのドキュメンタリーの舞台である南アフリカにおけるアパルトヘイトや、解決策として南アが設置した真実和解委員会、そこで使われている修復的司法のアプローチなどについて解説した。その後、全員でビデオを視聴する。九〇分という長い時間、参加者たちはテレビ画面に釘付けだった。そして、六、七人程度のスモールグループに分かれ、映画で気づいたこと、感じたことなどを語りあい、全員でディスカッションを行った。

映画は真実和解委員会が扱った二万二〇〇〇件のうちの四つのケースに焦点を当てていた。たとえばエイミー・ビールというアメリカ人の若い白人女性のケース。彼女は、一九八〇年代南アフリカに留学中、地元の黒人に襲撃を受け、殺された。エイミーの両親は「真実和解委員会」に参加して、加害者や関係者の前で、エイミーという人物について語った。一方、エイミーを車から引きずり出し、ナイフで刺し殺した加害者は、被害者について、真実和解委員会の場で初めて知ることとなる。エイミーが大学院で政治学を専攻し、民主的な政治のあり方について研究していたこと。ネルソン・マンデラを敬愛し、人種差別に憤りを感じて南アフリカにやってきたこと。白人である彼女は、抑圧者としての人種を認識しながら、黒人側に立って初の民主的選挙に向けて、黒人に選挙者登録をすすめるボランティアをしていたこと。もし彼女が生きていたら、加害者を単に罰するのではなく、真実を知り、正義に向けた対話を求めたであろうこと。映画『Long Night's Journey into Day』の冒頭では無表情で、自らの犯行を正当化していた加害者は、反省の色を見せるようになる。

ケルビンはこのケースに自分を重ね合わせ、かつての自分は、相手を個人としてみるのではなく、集団としてみていたことに気づかされたと言った。

「俺も彼と同じ様に生きてきたから、加害者の立場で映画を見た。エイミーを殺したのは、加害者が彼女個人を憎んでいたからじゃない。白人である彼女を、悪の象徴とみなしたからだ。それまで白人にひどく抑圧されてきたのは事実だったし、エイミーのことも知らなかったから、彼女の死に何の感情も抱かなかった。むしろ手柄と思っていたんじゃないか。俺もかつては敵対するギャングに対しては、相手がどういう人間だろうと構わなかった。敵としか思わなかったから。アミティに来てから、被害者に顔を与えるということを学んだ。相手を人として見ることでようやく、自分がしたことに対して感情が湧く。それが反省につながる。エイミーの両親の証言で、エイミーが白人であっても、彼が憎んでいた白人とは全然違ったことを加害者は知った。それで反省の気持ちも生まれたんだと思う。俺に起こったことも、彼に起こったことも同じだと思う。」

ナヤが問いかける。そもそもなぜ、違う人種を差別するようになったのかと。ケルビンが答えた。物心がついた頃から周りには自分と同じ人種しかいなかった。他の人種が存在することは知っていたけれど、他の人種との接触は、暴力沙汰か、剝奪されることを意味した。だから、異なる人種は敵としか見なせなかったと。その傾向は、成長するにつれ仲間からのプレッシャーによって加速した。「白人には近づくな。酷い仕打ちを受けるから」が合言葉で、いつの間にか、それが自分の世界観になってしまったと。

また、別のケースについて、ライファーズの一人で白人のダレルが続けた。

「アパルトヘイトはナチと同じだよね。白人の警察官は何をしても許された。黒人を殺しても合法で、正当化される。でもそれは、LAだって同じじゃないかと思うよ。」

黒人のオゼルが割って入った。彼もまたライファーズの一人で、LAのサウス・セントラル出身のギャングだった。

「同感だよ！　二、三日前のニュースで聞いたんだが、LAのストリートでは今年一年だけで、六二〇人もの若者が命を落としている。六二〇人だぜ！　しかもそのほとんどが黒人とラティーノだ。警官に撃たれた若者もいるはずだけど、警官が罪を問われることはほとんどないよな。」

参加者は皆大きくうなずき、二人に同意を示した。ナヤはあるエピソードを紹介した。LAのアミスタッドで働くスタッフが、ダウンタウンで白人の子どもたちのグループにビラを渡された。そこには「どうか飲酒運転をしないで」と書かれてあった。そこから二、三キロ程南のサウスセントラルにあるアミスタッドに戻ってくると、黒人の子どもたちのグループが手書きのバナーを持って立っていた。そこには「どうか撃たないで」と書かれてあった。暮らす地域によって、これだけ問題の質が違う。しかもたった二、三キロの違いで、流れ弾に当たる危険性が急激に高まる。参加者は、それぞれ生まれ育った故郷を引き合いに出しながら、アパルトヘイトが単なる歴史上の出来事でも、他国の問題でもないことを話し合った。そして、映画が扱う四つのケースについて、具体的にどのように解決しようとしていたかを話し合った。ダレルが挙手した。

「俺も殺人を犯したけど、この国で南アと同じことができたらどうだろう。裁判で表面的に事件を扱うんじゃなくて……もっと根本的な問題解決につながるんじゃないかと思うんだが……」

ナヤがうなずきながら問いを続けた。戦後処理として真実和解委員の手法が使われていたらどうだっただろう。ニュルンベルク裁判で、首謀者たちを死刑にする代わりに、徹底的な対話という方法が使われていたなら。ユダヤ人の救済策として、一九四七年に国連がパレスチナを分割するという決議をとるのではなく、別の対話的アプローチをとっていたなら、今のような泥縄状態になっていただろうか。歴史をさらに遡り、ネイティブアメリカンへの対応はどうだっただろう。政府は保留地を与えて問題解決したつもりになっているけれど、文化的、社会的な破壊は今もなお続いてはいないか。もし、南アのような対話の場が存在していたら、現在のように、差別がいくつもの世代にまたがり、複雑化していただろうか？　今とは違う社会の有り様が可能だったのではないか？

「でも」とラティーノのレイエスが口をはさんだ。ネイティブアメリカンに対する仕打ちは、償いようのないものではないかと。彼らにとって聖なる土地を、征服者である白人は奪い尽くし、子孫を、文化を、破壊してきた。それを回復することなんて不可能ではないかと。その時だった、グループの外側に腰かけていた矯正職員の女性が、思いあまったように挙手をした。

「私には、黒人の血も、白人の血も、そしてネイティブアメリカンの血も流れているの。人種差別は今も存在してるし、私たちはその現実を生きるしかない。だからこそ、真実和解委員会には光を感じるわ。」

通常、看守はプログラムに立ち合わないことになっている。レジデントたちが本音で語りあうための条件だ。しかし、撮影の際には矯正職員が立ち合うことになっているらしく、私たちの側には大抵の場合広報担当官がいた。ただ、彼/彼女らが発言することはない。私たちのお目付役だからだ。私の記憶では、後にも先にも、矯正職員がプログラム中で個人として意見を言ったのはこの時だけだ。それほどこの職員はこのテーマに突き動かされたのだろう。ナヤは彼女が発言してくれたことに礼を言うと、真実和解委員会の委員長をつとめたデズモンド・ツツ司教の考えに触れた。

ツツ司教がこれで国全体を癒せると信じていたわけではなかったこと。ただし、同じ過ちを繰り返さないためにも、誰かが率先して新たな道を歩き出し、方向を示していく必要があると考えていたこと。アパルトヘイト下で起こっていたことが偶然の出来事ではなく、国家規模の問題であったと認めるべきだということ。問題がなかったふりをするのではなく、目の前の現実に立ち向かうことによって、解決を求めるべきであるということ。また、そのための努力をする必要があったこと。

ナヤは最後にこう締めくくった。それがいかに勇気のある行為であったかを、想像してみてほしい。そして、自分の立場に置き換えて考えてほしい。自らが犯してきた数々の罪に対して何ができるかを。

ジミーとケルビンの写真は、単なる友情の証ではなかった。二人はアミティを通して学んできたことを、自分たちなりに実行したのだ。人種的偏見を乗り越えるために、勇気をもって行動するということ。彼らはこの写真を「勇気の証」と呼び、後に続くレジデントたちに語り継りついでいる。

ロックダウン下のクリスマス

二〇〇二年のクリスマス。

「聞いていると思うけど、夏からずっとロックダウンが続いているんだ」と、うんざりしたようにジミーは言った。ロックダウン（lockdown）とは、舎房の強制閉鎖状態を意味する。所内で問題が生じたときに当局がとる制裁の一つだ。ヤード単位で数時間閉鎖にする軽いものから、刑務所全体に対して数日間から数ヶ月間完全に閉鎖する厳重なものまで、問題の範囲や深刻さによって、その適用範囲、内容、期間も異なる。

この時は、八月にアミティのトレーラーがあるDヤードで起こった刑務所職員に対する暴行事件が原因だった。地元紙によると、三人の職員が、黒人の受刑者によって、刃物で顔を刺されたり、暴行を受けたりして負傷した。この事件の容疑者は独房に隔離され、Dヤードでは、近親者との面会や電話、自分の房を出ることさえ禁じられる、最も厳重なロックダウンが半年も続いていた。アミティ参加者は全員D５という居住棟に暮らしていたが、当然、プログラムも行えない。いつもは人で溢れかえる運動場も閑散としていた。

「もう限界だ。暴動が起きるかもしれない」「無力に感じる」「受刑者の苛立ちに飲み込まれそうだ」スタッフらは不満を口々にした。彼らの多くにも服役体験があり、ロックダウンのしんどさは、痛いほどよくわかる。ジミーはうなずきながら、こう問いかけた。「最悪の状況下で、俺たちにできることって何だろう？　自分が彼らだったら、何を求めるだろう？　舎房を訪ね、彼らの声に耳を傾けることから、始めようじゃないか。」

ジミーはスタッフを引き連れて、D5の建物へ向かった。扉が開き始めたとたん、中からムッとした熱気とすさまじいノイズが洩れてきた。私は圧倒され、しばらく立ちすくんだ。舎房から流れるボリュームいっぱいの音楽が、あちこちから飛び交う怒号や雑音に加わり、言い表しようのない苛立ちが渦巻いている。ジミーらスタッフは、「さぁ行くぞ」と気合いを入れ、房を一つ一つ訪れていった。

まず、鉄格子の間に人差し指をつっこみ、指と指の先が触れ合うだけの「握手」を交わす。受刑者らは精一杯の笑みを浮かべるが、不満と苛立ちは隠せない。うずくまって聖書や本に神経を集中させる者もいれば、腕立て伏せをしている者もいる。「調子はどう？　大変だと思うけど、踏んばれよ。こんな酷い状態を耐え抜いてるんだから、君は本当に強いよ。」ジミーらは、一〇〇の房全てを一日かけて訪ね歩き、精一杯の励ましを送った。

翌日、取材申請をしていた十名のライファーズのみに、「外出」許可が与えられた。といっても房から出て、ホールのテーブルで一時間ほど話すことが許されただけだ。しかし、たったそれだけのことでも、皆本当に嬉しそうだった。かたくハグをしあい、つかの間の「外出」を噛みしめているようだった。

半年ぶりの交流なのだから、さぞかし皆話したがるだろうと私は思っていた。しかし、スタッフがいくら促しても、誰も話を切り出す様子がない。彼らは笑みを浮かべ、簡単な挨拶を口にするだけだ。結局私が質問をして、彼らが短く答える、という味気ない取材になってしまった。後でジミーにそのことを伝えると、あたり前だと呆れられた。

「半年間も、会話らしい会話をしてないんだよ。ロックダウンで、アミティを始める前の状態に戻ってしまった。また一からやり直し。まず、語ることへの抵抗を解くところから始める。だから、ロックダウンはやっかいなんだ。」

クリスマス・ディナーの前日、抜き打ち検査の知らせがあった。参加者二〇〇人の房で、違反物が一つでも見つかれば、ディナーは打ち切りだ。半ば諦めているスタッフも多い。しかし、ジミーは「なんとしても実現する」と言ってはばからなかった。

ジミーもやはり服役中に、このディナーを体験していた。アミティに参加し始めて間もない頃で、まだまだプログラムに対しても、人に対しても、疑心暗鬼だった頃のことだ。「刑務所でクリスマス・ディナー？　バカバカしい。」これが、ジミーの最初のリアクションだった。ソワソワする仲間をよそに、ジミーはシラッとしていたという。しかし、当日、大量の七面鳥や手作りのケーキをトレーラーに運び込むスタッフの姿を見て、彼の心は一変した。

「あの日のことは今でも忘れられない。口だけじゃないんだ。ここまで俺たちのためにやってくれる人がいるんだ、っていうことを初めて実感したのが、あのディナーだった。暖かい雰囲気、家庭の味、そしてスタッフの前向きな姿勢が、人を信じてみようと思うきっかけになったんだ。「人」として扱ってもらえたっていう感覚。嬉しかった。何よりも大切なんだよ、そういう感覚が。」

この日、ディナーの手配や手続きに関する綿密な打合せを行った後、ジミーは明日の無事を願って黙禱しようとスタッフに提案した。「絶対実現してみせる。なんとしても、絶対に。」そんな彼の信念が、祈る姿からも伝わってきた。

当日の朝、ディナーの許可が降りた。ジミーやスタッフの顔から不安が一気に飛び、精気で満ちあふれる。数名のボランティアも加わって、料理がどんどん建物のなかに運び込まれた。いくつもの鉄の扉をくぐり抜けて——。

皿を手渡された受刑者が長い列を作る。エプロン姿のボランティアやスタッフが、笑顔で声をかけ、その皿を満たしていく。「ターキーとマッシュポテトはそれで足りる?」「スタッフィング(詰め物料理)はいかが?」「グレイビー(ソース)はどれぐらいかける?」

私たちがカメラを向けたライファーズの一人ダレルは、「うーん、いい匂いだ」と身体じゅうで匂いをかぐジェスチャーをしながら嬉しそうに答えた。「自家製の料理なんて、すっごく久しぶりだ! グレイビーをもうちょっといただこうかな。」

次に、デザート担当のボランティアが数種類のパイを差し出す。「チェリーパイに、レモンパイに、パンプキンパイ。どれがいい?」ダレルは頭を揺らしてしばらく迷い、「チェリーにするよ」と皿を差し出した。赤いソースがのぞくチェリーパイが、どっかりと、皿からはみでんばかりに置かれる。さらに、パンが手渡され、ダレルの両手がふさがってしまったところで、スタッフの一人が胸元のポケットに、ソーダの缶を入れる。かつて受刑者だったこのスタッフが、笑顔でデニスに声をかける。「メリークリスマス！　食事を愉しめよ！」

ダレルら受刑者たちは、何度も「ありがとう」を繰り返す。本当に嬉しそうに。そして名残り惜しそうに、それぞれの房に戻っていく。あふれんばかりの料理がのった皿を手に、ダレルは「うまそうだろう？　ちゃんと撮ってくれよ！」とカメラに向かって茶目っ気一杯にポーズをとった。同時に、「一四六号室、閉鎖」のアナウンスが響き、鉄格子の扉が音をたてて閉まった。この日はまだロックダウンが完全に解けていなかったため、全員で食事をとることは許されなかった。しかし、それでも各房では、ルームメートと楽しそうに食べる姿が見られた。

私は編集中、このくだりに差しかかると、涙が溢れて仕方がなかった。列に並んだ受刑者は、ボランティアやスタッフらと言葉を交わしながら、皿を満たしていく。パイの種類を受刑者自らが選びとり、ルームメートと一緒に食する。なんともたわいのない場面に見えるかもしれない。しかし、刑務所という隔離・分断された空間でこういった場面が展開すること自体、日本では考えられない。

誕生を祝う

日本のある刑務所を訪問した際、偶然「誕生日会」の場に居合わせたことがあった。日の丸の旗が舞台中央に掲げられた体育館には、折りたたみ式の長テーブルが五、六台、等間隔で置かれており、十名の受刑者が、背中をピンと伸ばした状態で座っていた。各テーブルに二人ずつ、全員が舞台の方向を向いている。まるで試験が始まるか、重大な判決が言い渡されるかのような緊張感が漂う雰囲気のなかで、私は刑務官の言葉に耳を疑った。

「今日は誕生日会なんですよ。誕生日祝いの食事が運ばれてくるのを待っとるんです。」

この刑務所では毎月受刑者の誕生日を祝う日を設け、その月に生まれた受刑者のみが体育館に集められ、他の受刑者と違うメニューでケーキが出されることなどを刑務官は説明してくれた。そして最後に、「私の誕生日なんか誰も祝ってくれないのに、彼らはシアワセ者ですよ」と皮肉った。

日本の刑務所では、受刑者同士が自由に言葉を交わしたり、触れあうことが許されていない。誕生日も例外ではない。ひと言も言葉を交わすことなく、前を向き、黙々と食べる誕生日の食事。料理が運ばれてくるのを、微動だにせず待つ十名の受刑者の背中を前に、胸が詰まった。

受刑者は、罪を犯したからこそ、刑務所にいる。人を殺すという取り返しのつかない罪を犯したのかもしれないし、強盗や暴行といった凶悪な罪を犯したのかもしれない。癒しがたい傷を負わせた被害者の存在を忘れてはならない、と思う。何よりも彼ら自身、罪に向きあわなくてはならないことは、言うまでもない。

それであっても、しかし、と私は思う。こうして刑務所で誕生日を迎える彼らは、そもそもこの世に誕生したことを、心から幸せだと思えているのだろうか。生を祝福される、という体験をしてきたのだろうか。

ジミーは十一歳の頃から、ほとんどの誕生日を矯正施設で迎えてきた。

「刑務所には、生まれてきたこと自体、前向きに受け止められない奴らも多いんだ。俺もそうだったように、ね。自分の命さえ尊く思えない人間が、他人の命を大切にできると思うかい？　まず、自分が生まれてきたことの本当の意味を、自分なりに考える必要があるんだ。親に望まれて生まれてきたかどうかじゃない。この世に生を受けた自分が、どんな人生を送りたいか、なんだ。」

ロサンジェルス刑務所のアミティでも、毎月誕生日を祝う。しかし、ロックダウンのため、半年分の誕生日がそのままになっていた。クリスマス・ディナーの日、ジミーは、受刑者の誕生日を祝うセレモニーを加えた。

食事が配られる前、八月以降に誕生日を迎えた者たちの名前と誕生日がひとつずつ、読み上げられた。そしてジミーは、次のような質問をそれぞれに投げかけていった。「君にとって誕生日はどういう日？」ポカンとしたり、顔を見合わせたりする受刑者たち。「質問の意味がわからない」と聞き返す者もいる。刑務所では、彼らは通常受刑者番号で呼ばれる。ロックダウン状態でプログラムが中止されていたから、自分の名前を呼ばれることすらほとんどなかったのだ。

「クリスマスはそもそもイエス・キリストの誕生日だろう。デレック、君は自分の誕生日を、どんな日だと感じる？」ライファーズの一人であるデレックは、眉間にしわを寄せ、しばらく考え込んだ。そして突然、何かひらめいたように笑顔を見せ、「ハッピーな人生」と口にした。他の受刑者たちも、「わくわくする旅」「素晴らしいもの」「自由」「変わること」「進歩」と、彼に続いた。皆、とてもいい表情をしていた。

ディナーが終わると、幾人もの受刑者から、ジミーは呼び止められた。ある受刑者は舎房のなかで、胸に手をあてて身体を左右にゆすり、「ジミー、誕生日を祝ってくれたのに、お礼を言い忘れてたんだ。嬉しかったよ。本当に。心から、ありがとう。ありがとう」と何度も繰り返した。また ある者は、鉄格子を握りしめながら、「初めて、人間として扱われたって思った。親切にされたって感じる。釈放されたら、こういう気持ちを大切にして、自分も他人に親切にしたいと思った」と言った。彼の目には、涙がうるんでいた。

ジミーらが帰り支度を始めると、奥の舎房から「ありがとう!」と声があがった。そして、あちこちの房から続く、「ありがとう」の声。鉄格子の奥から皆、我も我もと、感謝の気持ちを表現しようとしていた。気がつくと、ジミーらスタッフは、ホールじゅうに反響する「ありがとう」の声に包まれていた。

なぜ、ジミーがディナーの実現に、あれほどまでにこだわったのか、そして、アミティ参加者が言う「サンクチュアリ」の意味が、その時、私には初めてわかった気がした。

受刑者の大半が、いつかは釈放される。彼らが、刑務所という社会から隔絶された世界から、外に踏み出し、社会と再びつながりあうためには、いくつもの、重い扉をくぐり抜けなければならない。道は長く、険しいだろう。しかし、その先には、希望があるはずだと信じたい。

映画『ライファーズ』は、クリスマス・ディナーを終えたアミティのスタッフが、建物の外へ出ていくところで終わる。受刑者らが、感謝の気持ちを込めて送る拍手や口笛、そして「ありがとう」の言葉を背に、まるで光に吸い込まれるようにして、ジミーらが出ていく後ろ姿。そのカットに、私は精一杯の希望を託した。

第九章　ワッツ

photo by Kaori Sakagami

彼ら（受刑者）の多くがよく口にするのは、すでに彼ら自身が死んでいたということ。他人を殺める何年も前に、自らの人格が、すでに死に絶えていたというのです。

ジェームズ・ギリガン(1)

続編への旅

二〇〇八年七月、ＬＡのダウンタウン。

映画『ライファーズ』の完成からすでに四年が経った、続編製作のクランクインの朝のこと。ビジネスマンや観光客らしき家族らが、私や撮影クルーの傍らで、次々とタクシーに乗り込んでいく。突然、白いバンが私たちの目の前に止まった。運転席からカチッとしたダークスーツ姿の黒人男性が降り、迷わずこちらに向かって歩いてきた。出迎えの礼を言いながら片手を差し出したとき、彼のいたずらっ子のような笑みを見てハッとした。『ライファーズ』の主人公の一人だった。そのことに私自身がなかなか気づけないほど、彼は変貌を遂げていた。欠けていた歯は全て埋まり、髪型、服装に加えて立ち居振る舞いや風貌が、数年前の彼とはかけ離れていたのである。しかし、こういう体験は初めてではなかった。ジミー、チャールズ、アンソニー……。人はここまで変われるのか、と心底驚かされるほど変貌を遂げた人々に、私は数多く出会ってきていた。

ケルビン・ゴーシュン。四年前までドノバン刑務所に収容されていたライファーズの一人だった。三年前に出身地のLAに戻り、アミティの社会復帰施設アミスタッドでスタッフをしていた。撮影クルーに至っては、車に乗り込んでから私が説明するまで、全く気づいていなかった。彼らが最後に会ったのは、釈放前の二〇〇二年だったから無理もない。運転席に身を乗り出し、半信半疑で彼の顔をのぞきこみ、握手を交わしながら「え、刑務所にいたケルビン？」と目を見開いて何度も聞き返し、驚嘆の声をあげた。

実は、前作の完成時には、撮影を続けるつもりはなかった。その時点ですでに十年間、アミティに関連する取材を続けていた。一九九〇年代に作った二つのテレビ番組を含めるとこの映画は三作目にあたることから、私の中ではシリーズの最終章を迎えたという感覚だったのだ。数々の貴重な現場や瞬間に立ち会うことができたのは、アミティの関係者が私たちを取材者として信頼し、扉を開けてくれたからだった。また、そういった現場を、ある種の臨場感を持って表現することができたのは、映像という媒体の強みでもある。「手の施しようのない極悪人」と言われ続けてきた人々が変わる姿やプロセスを目の当りにしたり、その一方で「当事者」の更生を支援すべき制度や社会が、実はそれを阻んできたという問題をつきつけられたり、暴力の悪循環から抜け出す道筋がある程度見えてきたりしたのは、十年という長期取材だったからだろう。もちろん、それら全てを映像で記録・表現はできないが、それでもある程度は撮れている（理解している）気になっていた。加えて映画は自主製作だったから、二年間にわたる撮影や編集作業に加えて資金集めや配給なども全て手弁当で、映画の完成時は私自身がバーンアウト状態にあったことも影響している。続編を撮るつもりは全くなかった。

再び撮りたいと思い始めたのは、三年ぐらい経った頃だったろうか。その間、映画の上映会や関連イベントを通して、観客の反応に直接触れたり、日米の「当事者」と出会ったり、更生に携わる人々と知り合うことで、償いと回復をめぐるさらなる旅の必要性を、私自身が実感していった。

たとえば、映画への反応は様々で当然だが、予想以上にその揺れ幅は大きかった。私自身が最も恐れていたのは、米国の問題として片付けられてしまうかもしれないということだったが、そんな心配に反して多くの人が自らや社会と引き付けて観てくれているようだった。その一方で、主催団体や地域によっては、拒絶反応ともいえる強い情緒的なリアクションがみられた。警察が主催に名前を連ねたあるイベントでは、補導ボランティアをしているという高齢の男性が、暴力根絶を訴えつつ、交通ルールの違反をする子どもに対しては体罰も辞さないと発言した。それに賛同して会場のあちこちから拍手が聞こえた。私が反論すると、会場がざわめき、途中で席を立って出ていく人々もいた。厳罰主義やゼロトレランス（問題行動は徹底的に排除するという姿勢）的な価値観は、映画のテーマと対立する。しかし、そういった価値観が支持され、浸透していることを痛感させられることも少なくなかった。

その一方、「当事者」には励まされることが多かった。完成直後には試写会を東京、大阪、京都の三ヵ所で行ったが、そのいずれにおいても、日本全国に拠点をもつ薬物依存症者の回復施設「ダルク」のメンバーが駆けつけ、ボランティアで手伝ってくれた。いかにもその筋の人たちという風貌の一団が、会場設置から片付けまでを手際よくこなしていく姿は、元ギャングだったアミティのメンバーたちが、サウス・セントラルでクリスマス・プレゼントを配ったり、ゲットーの緑地化のために植林のボランティアをする姿に重なり、感動を覚えた。彼らの存在自体、自主製作という初の体験を試みていた私たちにとって、どれだけ頼りになったかわからない。上映中、彼らのなかには会場の出入りを繰り返す人が少なからずいたが、聞いてみるとあまりにも自分の抱える問題と近すぎて、凝視できないという。「最後まで見られるようになりたい。」そんな台詞をあちこちで聞いた。かと思うと、最初から主人公に希望を感じたり自分を重ね合わせたりして、各地の上映会に何度も何度も足を運んでくれる人もいた。一般の観客のなかにも、自ら元受刑者や当事者だとカミングアウトする人がいて、上映会自体がサポートグループ的な場になったこともある。

観客のなかには、受刑者の家族や犯罪被害者も含まれていた。同じ会場に死刑囚の家族、別の事件で家族を殺された遺族、元受刑者らが同席していることもあった。加害者が心から反省するための働きかけが日本にも必要だ、と元受刑者が発言すると、ある被害者遺族が、更生という表現自体に抵抗を感じていたが、映画を見て少し考えが変わった、とコメントした。また別の事件の遺族の一人は死刑や厳罰に賛成で、私とは意見や立場を異としたが、招待ハガキを握りしめて会場に足を運んでくれた。そのことだけで本当に嬉しかったが、製作が赤字だと知ると、決して少なくない寄付金を包んでそっと渡してくれた。胸が熱くなった。

この映画は、一般市民からの寄付によって成り立っていた。寄付者のなかには加害者、被害者、いくつかの事件の関係者、彼／彼女らを様々な形で支援する様々な立場の人が含まれている。製作したのは私という個人であっても、多様な背景を持ち、異なる立場に立つ人々の思いや協力があったからこそできた映画だと思っている。アミティでもそのことをレジデントに伝えてくれていて、映画のエンドロールに長々と続く協力者の名前を、受刑者一人一人に読み上げさせたこともあると聞いていた。「海を越えた日本の人々が、取り返しのつかない罪を犯した自分たちの生き直しを応援してくれている。刑務所のなかで生ける屍状態にある自分にとって、それを思うことがどれほど励みになるか。映画を作ってくれてありがとう。」そんな内容の手紙を、若いライファーズの一人からもらったこともある。これも、第八章で紹介した「勇気の証」の一例だと思う。

日本の矯正関係者については、正直なところ、あまり期待していなかった。しかし、映画の封切りと同時に、刑務所や少年院から上映会の問い合せが続いた。最高裁判事を含む法務省の上層部向けの上映会を企画してくれる役人や、少年院で率先して上映会を開いてくれた院長もいた。また、矯正現場の職員のなかには、映画館に直接足を運び、質疑応答の場で自らの立場を名乗って、現場のジレンマや思いを投げかけてくれる人もいた。当時京都刑務所に勤務していたその職員は、上司に掛け合い、二〇〇〇人の受刑者に向けた上映会を数ヶ月のうちに実現した。制作者のメッセージがあるとなお伝わるのではないかと、私のメッセージビデオまで制作して流してくれた。日本の刑務所で自主製作映画を上映したのは、しかも受刑者向けに行ったのは、たぶんここが初めてではないかと思う。さらに「島根あさひ社会復帰促進センター」では、アミティのプログラムがすでに導入されて四年が経つが、事の発端は、同センターの設立に関わった関係者がこの映画を見たことだった。[2] いずれも、それまでは考えられなかったことである。日本の矯正現場ではどんな小さなことでも、前例のないことを実行するのは至難の業だからだ。九〇年代末に初めて日本の刑務所に呼ばれて講演をしたときに感じた、「何も変わらない」という絶望感は一つの映画を作る原動力になったが、その映画がもたらした一人一人の行動によって、「変わるかもしれない」というかすかな希望へと変わった。

同じ頃、米国各地でも映画祭、刑務所、学会、大学等で上映が行われていた。なかでも忘れられないのが、二〇〇六年の秋に行われたカリフォルニア州立大学サクラメント校での上映と講演会だった。犯罪学の授業に私自身がゲストとして呼ばれたのだが、米国の大学で正式に映画が上映され、講演をするのが私にとっては初めてだったこともあり、米国の犯罪学を専攻する学生たちに何をどう語ればいいのかと悩んでいた。簡単なスピーチ原稿は作ったものの、なんだか場違いな気がして、当日の出発寸前まで宿泊先の友人宅で書き直していた。その最中に、携帯が鳴った。発信者はケルビンだった。

「おはよう！　今日の講演会の教室はどこ？」大学のキャンパスにいるという。彼は当時サンディエゴの社会復帰施設に暮らしていたから、てっきりふざけているのだと思った。サンディエゴとサクラメントの間は八〇〇キロ以上あるから、運転すれば十時間はかかる。しかも、ケルビンは保護観察中で移動制限があったから、簡単に市外に出ることはできないはずだ。許可をとるにはそれ相当の理由が必要で、手間もかかる。信じられないと言うと、別の男性が、独特の大きな声で笑いながら、電話口に出た。ジミー・キーラーだった。二人はサクラメントで行われている矯正関係の学会に参加していて、今朝は私の講演会に顔を出すつもりだと言った。後でわかったことだが、二人がサクラメントに送られてきたのは、アミティ代表のロッド・ムレンの粋な取り計らいだった。学会参加という名目で、私の応援団として送りこんでくれたのだった。

教室に到着すると、二人はすでに学生に混じって座っていた。ケルビンは黒地に白いストライプの入ったシャツとチノパンツ、ジミーはアイロンのかかったグレーのシャツとコットンのパンツと、爽やかな格好をしている。大学のイベントだから、二人で相談してプレッピーに決めてきたと聞いて思わず笑ってしまった。ジミーは元白人優越主義者で、ケルビンは黒人系ギャングのメンバーだった。そんな二人がここにこうして一緒にいること自体が奇跡だ。そこで、私は二人にもトークに参加してもらうことにした。

上映後、学生たちから質問が飛び交った。再犯率と刑務所内TCとの関係や、カリフォルニア州の刑務所におけるTCの浸透や評価についてなど、いかにも犯罪学といった質問が多かったのだが、二人は実に堂々と的確に答えた。聴衆は犯罪学を学び始めたばかりの一、二年生だった。二人はそのことを意識しながら、基本的なデータを盛り込み、参考文献をあげて学術的に話を展開した。学生のなかには必死でメモをとる者もいた。二人は大学ではなく、アミティを通してこれらのことを学んできたのである。しかも、研究対象とされてきた彼ら自身が語るのだから、これほど説得力のある授業はない。ジョークまで交えながら、実にイキイキと語る。私自身大学で教鞭をとっていたが、とても太刀打ちできるものではないと感じた。私はスピーチ原稿をポケットに押し込み、彼らの話に聞き入った。

終了してからも、私たちの周りを学生たちが何人も取り囲んだ。二人と似たような環境を生き延びてきた者や、家族や友人が現在刑務所に収監中という者もいた。身体の大きな白人男性の学生が、涙を浮かべながら二人の話に勇気づけられたと礼を言い、ケルビンやジミーとハグしあう場面もあって、胸をうった。刑務官か警察官になりたいというラティーノの女性の学生が、容疑者や受刑者にどう接すればいいかという質問をしたときの、ケルビンの対応も忘れられない。ジッと彼女の目をみつめて、ただ一言。

「一人の人間として、接してほしい。」

二〇〇八年七月、私たちを乗せた車がLAのダウンタウンのホテルから走り出した。運転手は、アミティのスタッフを務めるケルビン。まだまだ撮るべきものがある。そんな確信に近い思いを胸に、続編製作という新たな旅が始まった。

新しいホーム

ケルビンは故郷のLAに戻り、アミスタッドでデモンストレーターとして採用されていた。アミティには十年近く関わっていたからか、この仕事が向いていたのか、彼のデモンストレーターぶりはなかなかのものだった。彼のグループに何度か同席させてもらったことがある。ある時「ここにはサンクチュアリなんて存在しない」と反発する女性レジデントがいた。ケルビンは彼女に向かって次のように言った。

「俺はそうは思わないよ。いつだったかナヤに聞かれたことがあった。人生で最初のサンクチュアリはどこだったかって。俺は考えたけど、全然思いつかなかったんだ。とにかく凄まじい幼少期を送ったからね。安心できる場なんてなかったって言った気がする。そしたらナヤが言ったんだ。親からいかに酷い暴力を受けたとしても、母親の胎内にいるときからアルコールや薬物の影響を受けていたとしても、それだけ過酷な状況を切り抜けて、この世に生まれてきた。それだけの強さがすでにあなたに備わっていたんだから、胎内がすでにサンクチュアリだったんじゃないかって。この世に生を受けた人は誰しもサンクチュアリを体験しているはず。どんな場でもサンクチュアリは作れる。刑務所の中でさえそれは可能だって。目から鱗だったよ。サンクチュアリは探しあてるものじゃなくて、今ここで、この瞬間に、自分が率先して作るものなんだって思うようになったんだ。」

LAのコンプトン。

ケルビンや兄のチャールズが幼少期を過ごした故郷であり、私も取材で何度か足を運んできたゲットーの一つだ。治安の悪い場所であるにもかかわらず、二人とも、釈放後はこの地域に戻って暮らしていた。自分たちが壊してきたコミュニティに対して、何らかの形で償いたいという気持ちからだった。

ある日、ケルビンがよく仲間と溜まっていたという公園に連れていってもらった。ケリー・パークという名のその公園は、大木に囲まれ、緑の芝生が広がり、ピクニックテーブルが点在し、野球場、バスケットコート、すべり台などの遊具がある、ごく普通の公園だった。ただ、昼間だというのに人気がなく、静まり返っている。ケルビンは公園中央にあるコンクリート製の倉庫に近寄り、その壁に散らばる無数の凸凹を指差した。そして、それらが銃弾の痕だということや、最近銃撃戦が頻発していることもあって、公園には人が寄り付かないのだと説明してくれた。その数日前にも一ブロック先で事件が起きたばかりだった。撮影している間中、彼は通り過ぎる車や人に視線を送っていた。

彼や兄が所属していたギャングの名前は、その公園の名前をとって「ケリー・パーク・クリップス」と名付けられていた。ケルビンは通りに目をやりながら、昔のことを語り始めた。同じ黒人系の敵ギャングの他に、警察や、他の町から遠征してくる白人優越主義の集団からも身を守らねばならず、いつもピリピリしていたこと。相手は突然現れ、車から無差別に銃撃してくるから、ここで四六時中見張っていたこと。多くの仲間が目の前で殺され、自分も十八まで生きられるとは思っていなかったこと。生きていると感じたのは薬を使ってハイになっているか、暴力を振るっているときだけだったこと。十四歳から十七歳までに三人も子どもをつくったのは、自分がいつ殺されるかわからないという死への恐怖感からだったこと。十八歳で終身刑を言い渡された時、死んだも同然だと思ったが、よく考えるとそれ以前に魂は死んでいたかもしれないこと。そんな彼が今ここにこうして居ること自体、私には奇跡に思えた。

小さな庭つきのモスグリーンの家。その前で、小学校低学年ぐらいの女の子と、小さな男の子が遊んでいた。三年程前に引越してきたケルビンの新しい住居だった。ケルビンはマーサという介護職の女性と知りあい、新しい家庭を築いていた。二人の間には男の子が生まれ、マーサの連れ子二人との五人でコンプトンに暮らしていた。彼は家の前で、新しい家族を一人一人私たちに紹介してくれた。思春期に入った十三歳の長男は素っ気なく、カメラに多少反応を示しただけですぐに姿を消してしまった。三歳の息子ブライアンは、ケルビンをそのまま小さくした感じで、お茶目な暴れん坊だった。ケルビンが私たちに挨拶をしろというと、ブライアンはしかめっ面をし、プイッと顔をそむけて三輪車で走り去った。「お前はまったく、ワルなんだから－」と顔をしかめながらも、息子が可愛くて仕方がないという素振りを見せた。

ケルビンには前妻との間に三人の子どもがいた。彼らも皆この地域に暮らしていたが、全員成人して独立しており、ケルビンは二人の孫を持つおじいちゃんでもあった。長女は仕事に一途で、なかなか会えない。前作の撮影時にはフットボールの選手を目指して大学に通っていた長男は、数年前にケガをして中退していた。結婚して子どもが一人おり、セールスの仕事についたばかりだった。稼ぎが少なく、時折ケルビンを頼ってきたが、ケルビン自身も家族を養うのに精一杯だ。援助したい気持ちと現実の間に挟まれ、無力感に苛まれることも多々あったという。末っ子の娘は優等生で大学進学を期待されていたが、結局進学せず、ボーイフレンドとの間にできた子どもが生まれるところだった。ケルビンは二人の関係に納得がいかず、娘とは話すたびに口論になった。子どもたちとの関係は、ケルビンの望むようにはなかなかいかない。

「あと一ヶ月で保護観察から解放されるんだ。それでやっと、本当の自由の身になる。」砂だらけの子犬と戯れる子どもたちに目をやりながら、ケルビンは嬉しそうに言った。ライファーズはたとえ釈放されたとしても、長期間、保護観察下に置かれる。彼の場合は五年間だった。定期面談のほか、毎日決まった時間に担当者に連絡をいれたり、移動や行動に様々な制約が課される。違反をすれば、再び刑務所に逆戻りということにもなりかねない。実際、カリフォルニア州だけで、毎年七万人を超える保護観察違反者が、再犯者として刑務所に戻ってくる。ライファーズや性犯罪者に対しては、とりわけ厳しいとも聞く。だから、保護観察期間中にトラブルに巻き込まれないよう、誰の車に乗せてもらうか、誰とどこで会うか、どの店で買い物するか、細かく気を使う。そんな状態からようやく解放されるのだ。だが、しばらくしてから、彼は言った。「変に聞こえるかもしれないけど、正直、恐いんだ……嬉しいと思う反面、考え出すとたまらなく不安になるんだ。」

ケルビンは社会で暮らしたより長い、十八年間を刑務所で暮らした。その間も、そして出所してからも、ずっと管理され、監視される対象だったわけだ。管理も監視もないという状態が、感覚的にわからず不安でたまらないのだと彼は言った。そして、スタッフを務めるようになった今も、兄や仲間にそんな不安を打ち明け、日々直面する問題に向きあっていると言った。

「シャバで生きるってことは、想像以上に大変なことだった。でも、出所する前に一番不安に思っていたことはなんとか乗り越えられたと思う。それは、経済的にたちゆかなくなった時に、盗んだり、ヤクの売買に手を出してしまうんじゃないかということだ。ギャング時代は、目の前に欲しいものがあれば、奪い取ってたからね。金が必要なら、金や金になりそうなものを持ってる奴から奪った。そのためには拳固、ナイフ、銃、何だって使った。それで誰かが傷つこうが、何の抵抗もなかった。でも、釈放されてからは違う。兄や周りの仲間がしているように、我慢することを覚えた。出て来た直後は、新車とか高級時計とか洋服に目がいったけど、今では自分より家族が必要なものを優先できるようになった。マーサが仕事で車が必要であれば、俺は地下鉄やバスを利用する。公共交通や中古を使うなんて、ギャング時代は考えられなかったけど。」

ケルビンは笑いながら家のなかを見回した。確かに、家財道具はどれも中古で時代遅れだった。大きなブラウン管の旧型TV、彼が座っているソファも、マーサと娘が宿題をしているダイニングテーブルのセットも、親戚や友人から譲ってもらったもので、決して豪華でも、お洒落でもない。

ケルビンはしかし、嬉しそうに言った。

「ここが俺のホーム。帰ってくるとホッとする場。子どもの頃には存在しなかったもの。ようやく手に入れた、サンクチュアリなんだ。」

窓から見た世界

LA南部のワッツ地区。

ケルビンが人生の原点と呼ぶ場所だ。イタリア系移民のアーチストが三〇年以上かけて独りで建てたワッツ・タワーと呼ばれるユニークな建築物や、一九六五年に起こったワッツ暴動で知られる場所だが、ここもまた、サウス・セントラルやコンプトンと並んで悪名高きゲットーの一つである。

ケルビンはこの地区で、四歳からの数年間を過ごしたという。この地区には、「プロジェクト」と呼ばれる低所得家族向けの市営団地が多い。彼が暮らしたのもその一つで、ジョーダン・ダウン・ハウジング・プロジェクトという名の巨大市営団地だった。

現在この地区は、サウス・セントラルと同様イメージアップを図る土地開発が盛んだ。半世紀以上前に建てられた団地を壊して、中流階級向けの新しい住宅街に作り替える計画が進んでいる(3)。一九九〇年代からはアフリカ系とラティーノのギャングが混在し、戦闘地域と呼ばれるほど、一時は闘争が激しかった。現在はラティーノがアフリカ系を上回っているが、人種的な構成は時代と共に大きく変化してきた。第二次世界大戦前は日系人も多く住んでいたが、戦争で多くの人が強制収容所に送られた。戦時中、空いた土地を使って、連邦政府が戦争工業に従事する家族用の住宅に建て替えた。戦後はロサンジェルス市に管轄が移り、五〇年代半ばには、退役軍人向けの市営団地へと様変わりした。五〇年代後半からは、多くのアフリカ系が移り住むようになり、白人は別の地域へと移っていった。そして、六〇年代の半ばまでには、生活保護世帯を中心とした黒人地域となった。ケルビンが暮らしたのは、ちょうどその頃で、七〇年代の初頭だった。

ケルビンが週末に、ワッツを案内してくれることになった。彼の自宅から車で走ること数分。コンプトンとは目と鼻の先だったが、捕まって以来ご無沙汰だったという。徐行しながら、ケルビンは思い出の場を辿っていった。姉が通っていたマンモス高校、粉ミルクや缶詰など箱ぎっしりの食料品を定期的に配給してくれた教会、病気がちだった彼がよく母親に連れられて通った市民病院……。病院だった場所は雑草がぼうぼうでもう使われていなかったが、ケルビンは実に懐かしそうに見入りながら、昔とあまり変わっていないとつぶやいた。

角を曲がるとコンクリート製の長屋ともいえる、平たい建物が延々と続いていた。一〇〇棟余りで、七〇〇世帯が暮らすというこの団地がジョーダン・ダウンだった。どの建物も同じクリーム色で私には見分けがつかなかったが、ケルビンはすぐに自分の古巣を言い当てた。昔はペンキさえ塗られておらず、コンクリート打ちっぱなしの灰色だったという。今は各棟に大きく番号がふってあるが、昔はそれさえもなかった。警察でさえこの地域には近寄らなかったというほど治安が悪く、郵便配達など見かけたことがなかったという。ケルビンはBLDG77と書かれた家の前に車を停めたが、すぐには降りず、車窓やミラーから外の様子をしばらくうかがっていた。窓をあけ、上のほうを指し示しながら、今では至るところに監視カメラが仕掛けてあると指摘した。そして、自転車で徘徊する少年に声をかけた。「ねえ、取材受けてるんだけど、カメラ向けても大丈夫かな？」少年はくるっと身体を翻し、首を横に大きくふりながら、元来た方向へと引き返していった。

周りに誰もいなくなったことを確かめてから、私たちは外へ出た。ちょっとしたことが、大きなトラブルに発展しかねないからだ。ケルビンは、アパートの前の道に腰をかがめ、砂やゴミをはらって何かを探し始めた。そして「あった、あった」と子どものようにはしゃぎながら見せてくれたのは、ゴーシュンと彫られたケルビンの苗字だった。ケルビンがここに暮らしていた頃はまだ字が書けなかったから、兄のチャールズが彫ったのだろう。しかも綴りが間違っていて、Goshen のeが抜けていた。ケルビンは苦笑しながら、三五年も前に書かれた悪戯書きを何度も指でなぞり、懐かしさをかみしめていた。

立ち上がってアパートに近づくと、一階の、鉄格子のついた窓を指して言った。「あれが俺の原点。最初の記憶はここから始まっていて、ここが俺の世界だった。あの窓から、俺は全てを見ていた。貧しかったからテレビなんてなかったけど、あの窓が俺にとってはテレビでもあった。昼メロ、アクション、ミステリー、ホラー、その全てが見れた。いや、それ以上だった。テレビなんかでは見られない生の現実が、あの窓からは見えたんだ。」

その窓が向いた先には、空き地があった。中古車が数台停まっているだけの、雑然とした空間。鉄製の大型コンテナからゴミが溢れ、ビニール袋やビール瓶があちこちに散らばっていた。ケルビンはその空き地を指しながら言った。母親や祖母、兄のチャールズやダレルがそこにいつもいたと。病気がちでいつもベッドにいたケルビンは、部屋の窓から、彼らの姿を追っていたのだった。

ワッツを訪れる数日前、ケルビンは兄のチャールズと、サウスセントラルにあるアミティの施設でワークショップを行っていた。十名程度のグループに分かれ、家族と暴力について語りあう輪のなかで、ケルビンは兄に向かって、静かに語り始めた。

「俺、いつも夜中じゅう見てたんだ、部屋の窓を。窓からいろんなものが見えたよ。賭博、ケンカ、レイプ、死体……。チャールズ、俺はあんたが恐かった。あんたはたいていそこに居た。あんたがしてきた悪事を、全て、俺は目撃してしまった……。」

チャールズは頭をうなだれ、黙って聞いていた。手を顔の前にあわせ、祈るような姿で。ケルビンは身を乗り出し、チャールズを見据えて話を続けた。集団でレイプする男たちの中にチャールズの姿を見たこと。一団が去っていった後にうち捨てられた裸体。それも一度や二度ではないこと。人をめった打ちに殴ったり刺したりする光景。それを楽しむかのようなチャールズの姿。薬物や銃の売買。そこには母親や祖母の姿もあったこと。こぜりあいが発展して、銃の撃ち合いになっていく場面。倒れる人と流れる血。そんな光景が日常的だったこと。同じ空き地で、死体の跡をなぞったテープを使って、けんけんをして遊んだこと。死体を見ても、何とも思わなくなったこと。

「俺は、無期刑になるずっと前に、人生が終わってるような気がしてた。十四歳で〔叔父に〕刺されて、生死を彷徨ってからは、恐がることすらやめた。何かが決定的に壊れてしまった感じ……。魂が死んでしまった感じ。誰も助けてくれないんだから、どうにでもなれって思うようになった。ヤクを打ちまくるようになったのは、その頃だった。ギャングに入り浸って、あたり構わず暴力を振るうようになったのも、その頃。もう死んだも同然だから、急いで自分の分身を残さないとと思い、子どもを作ったのもその頃。最近は皆が俺とチャールズの関係を羨ましいと言ってくれるけど、そもそもなんでこんな人生送らなきゃならなかったのかって……。いまだに納得がいかないことが、自分のなかにわだかまっているんだ。」

チャールズは顔を少しあげ、ケルビンを見つめてうなずいた。遠くを見つめているような、思い詰めた表情だった。

サイコドラマ

この輪のなかには、もう一組、兄弟がいた。ドワイトとマイケル・ボカージュ。ドワイトは、現在アリゾナのツーソンにあるサークル・ツリーでスタッフをつとめており、ケルビンと同じ刑務所に服役したことのある薬物依存者だった。取材当時、弟のマイケルが、別の刑務所から出所してきたこともあり、今回のワークショップには兄弟で参加していた。二組の兄弟は同じアフリカ系で、兄弟ともに服役体験があり、家庭自体が暴力に溢れていたという点など、多くの共通点があるようだった。ケルビンらは、アミティのプログラムを通して、家族と暴力について繰り返し話し合う機会を持ってきたが、ドワイトや弟にとっては今回が初めての体験だった。このプロセスに不慣れなマイケルは、ケルビンらのやりとりにショックを受けたようで、表情を引きつらせながら身を丸めて椅子に浅く腰掛けていた。一方ドワイトのほうは、刑務所プログラムを含むと十年以上アミティに関わっていることもあるのだろう、二人に触発されたように、少しずつ自分の体験を語り始めた。

鏡を見るたびに、目の際の傷跡が目に入り、子ども時代の記憶がフラッシュバックすること。その傷は、十二歳の時、軍人だった父親が海外の基地に赴任中に、母親から暴力を振るわれてできたものであること。その時意識がなくなるぐらいの酷い状態に陥ったのだが、自殺未遂に見せかけられたうえ、病院に搬送される際、死んだら夫から酷い目にあうから、死ぬなと言われたこと。両親ともに粗暴で、物心ついた時から暴力を受け続けてきたこと。父親は魚釣りやキャンプに連れていってくれたりもしたが、機嫌を損ねるとベルトなどでミミズ腫れするほどひどく殴られ、父親のメンツをつぶしたとなじられたこと。十四歳の時、精神病院に入れられ、その後数年間、里親宅に預けられたこと。両親が離婚して、父親が去っていったこと。そして、自分は家族にとって恥さらしだと感じてきたこと。

この間、ケルビンやチャールズを含めた数名のメンバーが目配せしながら席を離れ、ドワイトとマイケルを囲む形で円形を崩し始めた。サイコドラマが始まる。そう、私も撮影クルーも確信した。

サイコドラマとは心理劇のことで、集団精神療法の一種である。精神分析家のヤコブ・モレノがその創始者といわれ、参加者が様々な役割を入れ替えで演じ、問題をより明確化していく方法だ。

かならずしも直接の解決を求めるものではないが、演じるなかで、問題への対応を体験的に考えていくことも重要な要素だ。あらかじめ決まった筋書きがあるわけではなく、それまでの状況や情報を参考にしながら、参加者たちの状況を重ねあわせながら演じていく。私たちもかつての取材で何度かサイコドラマを撮影したことがあったが、初めてのときは何が何だかわからず、ただただ必死で撮影した。何の予告もなく、いきなり始まってしまったその状況は（私の目にはそう映った）、ドラマチックだった。その後、サイコドラマは状況判断や進め方が難しく、下手をすると参加者を傷つけてしまうため、諸刃の剣であることがわかってきた。そのためアミティでは、熟練したスタッフのみがこの手法を使ってきた。ケルビンたちのサイコドラマはどう展開するのだろうか。

まず、四〇代のドワイトが、父親の声がいまだに恐いと打ち明けた。父親の声のトーンに、震え上がってしまうことがあると。その語りを中断するように、チャールズが「黙れ」と言った。それでも話し続けるドワイトに対して、チャールズは「黙れ」を繰り返した。苛立ちと緊張の伴う声と、部屋に響く「黙れ」の連呼。チャールズは明らかにドワイトの父親を演じていた。ドワイトは言葉を飲み込み、嗚咽し始めた。

子どものように泣きじゃくるドワイトを、驚愕の眼差しで見つめるマイケル。その横で、誰かが声をあげる。「父さんから黙れと言われると、そうやっていつも黙っちまうのか？」嗚咽しながら、その通りだとうなずくドワイト。誰かが「なんでお父さんは去ったんだ？」と聞く。ドワイトは「わからない」と繰り返し、頭を横に振る。チャールズが間髪を入れずに言う。「お前がどうしようもない出来損ないだったからだよ。殴ってもお前の根性は叩きなおせなかった。お前は家の面つぶしだ。俺が去ったのは、お前が恥ずかしかったからだよ！」ドワイトはさらに激しく泣きじゃくり、身を小さく丸めた。

その傍らでケルビンが声をあげた。父親役のチャールズに向かって。「父さんはいつだって手をあげた。俺にも、母さんにも、弟にも。ベルトに手がいく素振りだけで、俺は震え上がった。そんな父さんが嫌だった。子どもなのにビールを飲ませるなんて、とんでもない父親だ！」ケルビンは、ドワイトの内なる声を演じていた。当人はひたすら頭を抱えて嗚咽している。

その姿を見て、マイケルも涙を流し始めた。彼の横には、古株のジミーが腰をかがめて付き添い、耳元で何かをささやいていた。か細い声でマイケルが言う。「兄さんは弱虫だ……俺の家族はみんな弱虫だ。誰も助けてくれなかったじゃないか！」ジミーがさらに耳元でささやく。「もっと大きな声で、兄貴にぶつけろ。あのとき君はどんなことを感じてたんだ？」マイケルが身を乗り出して声を振りしぼる。「みんな、去っていったじゃないか！　俺は一人ぼっちだったんだ。孤独だったし、恐かったし、怒りを感じたし……俺は兄さんのこと尊敬してたのに……兄さんはいつも俺を置いてきぼりにしたじゃないか！」

一時間弱のサイコドラマが終盤にさしかかると、それまでの興奮状態が嘘のように、穏やかな時間が流れていく。ケルビンが二人に感想を求める。マイケルは、ただ兄が自分を嫌っていると思っていたと言い、兄がこれほどまでに親からの暴力に苦しんでいたことを知らなかったと告げた。ドワイトも、弟が自分を慕ってくれていたことを初めて知り、嬉しさと同時に申し訳なさを感じると詫びた。そして、ケルビンがドワイトに向かって言った。

「ドワイト、君は子どもだったんだ。どうすることもできなかったんだ。父親が去っていったのも、里親に預けられたのも、母親に暴力を振るわれたのも、精神病院に入れられたのも、君が苦しんだり、マイケルが辛い思いをしたのも、君のせいじゃない。君は恥さらしなんかじゃない。こうして弟を導いてきたじゃないか。そのことを認めるんだ。大人になった今だからこそ、弟や、他の仲間にしてやれることがあるはずだ。」

ドワイトに投げかけたケルビンの言葉は、ケルビン自身、そして兄のチャールズに向けられた言葉でもあるのだろう。しかし、自らの被害者性に耽溺してしまう語りでは決してなかった。少なくとも、数年前に刑務所で感じた頼りなさや、釈放直後の浮ついた彼の言葉とも、語り口とも違った。いくつもの道標に導かれ、自らの檻を打ち破ってきた者だからこその、説得力のある、そして優しさに満ちた語りだ。皆の輪のなかで、固く抱きしめ合うドワイトとマイケルをしっかりと見守るゴーシュン兄弟。私は、新たな道標が打ち立てられた瞬間に立ち会い、「証人」をつとめ終えたような安堵感を覚えていた。

第十章　ロス・ルナス

photo by Kaori Sakagami

学べ、ドヤにいるひとよ
学べ、牢獄にいるひとよ
学べ、台所の女よ
学べ、六〇歳の女よ
きみは先頭に立たねばならない。
学校を探し出せ、家のない者よ
知識を手に入れろ、こごえる者よ
飢える者よ本を手に取れ、それも武器のひとつだ。
きみは先頭に立たねばならない。

ベルトルト・ブレヒト(1)

男性受刑者の動揺

一九九六年初夏、サンディエゴのドノバン刑務所。
強い陽が照りつける玄関口で出迎えてくれたのは、長身でスーツ姿の凜とした女性だった。イレイン・アブラハムというこの女性は、当時、アミティが運営する男性刑務所内のTCで、ディレクターをつとめていた。そこでは、複数の女性が働いていた。男性刑務所という場に、しかも重罪を犯した粗暴犯がいる場に、普段着の女性が当たり前のようにいて、受刑者と談笑し、受刑者のグループに混じって話をしていた。それ自体が私にとっては衝撃だった。

アミティでは女性を積極的に雇用してきた。管理職に占める女性の割合も高い。創設者三人のうち二人が女性だったことも深く関わっていると思う。女性がスタッフの大半を占める施設もある。男性刑務所や男性専用の社会復帰プログラムでさえ、かならず女性のスタッフを配置している。当時のドノバン刑務所内プログラムでも、二〇人余りのスタッフのほぼ半数が女性だった。今まで紹介してきたライファーズを含める多くの受刑者が、番号から名前への旅路を歩んでこれたのは、女性スタッフが道を切り拓いてきたからだ。今ではそう断言することができる。

ドノバン刑務所で、忘れられない光景がある。身長一五〇センチ程度の小柄なアフリカ系の女性が、背丈も横幅も倍ぐらいありそうな白人の大男の前に、毅然と立つ姿。男性は受刑者で、プログラムに不満があるらしかった。何やら大声でわめいていた。その女性が口を挟もうとする度に、男性は声を荒げて彼女を口汚くののしった。しばらくすると、女性は受刑者ににじり寄った。

「ファック・ユー！　私はあんたのお母さんでも、ベビーシッターでもないのよ。甘えてないで、自分の人生について、洗いざらい話したら？　そのためのグループでしょ？」

彼女はそう言い放つと、オフィスに入り、ドアをバタンとしめた。男性は他の受刑者たちに伴われ、バツが悪そうにブツブツ言いながらグループへと戻っていった。その女性はレジーナ・スラウターというスタッフだった。イレインは、呆気にとられる私に、今見た光景——受刑者と女性スタッフが口論すること――は決して珍しくないと言った。

その直後、イレインから紹介されたレジーナは、まるで別人だった。人なつっこい笑みをたたえて、手を差し出してきた。褐色の肌に真っ白な歯、きれいに揃えた眉、大小様々ないくつものピアスに細い金のネックレス、エスニック調のファッション。おしゃれでチャーミングな女性だった。

レジーナ自身、アミティを通して生き方を変えることができた一人だ。十三歳で薬物を使い始めてからの十六年間、覚醒剤、コカイン、クラック、PCPなど、あらゆる薬物を使ってきた。ストリップをしたり、身体を売ったり、薬物の売人などをして稼いだお金をほとんど全て、薬物につぎ込んだ。それでも足りずに、窃盗を繰り返した。刑務所に服役したことはなかったが、逮捕されて拘置所に入れられた回数は二〇回を超える。

彼女が刑務所内のTCプログラムに関わり始めたのは、一九八〇年代の半ばだった。TCがカリフォルニア州の刑務所に導入されたのは一九九〇年だったが、それ以前に、アミティはテキサス州やアリゾナ州の短期刑務所で、すでに実験的な試みを行っていたのである。レジーナが配置されたのはその一つで、アリゾナ州のピマ郡短期刑務所プログラムだった。当時は、男性受刑者のなかで女性が話しても、まともに聞いてもらえなかったとレジーナは言う。あからさまに無視されたり、せせら笑われたり、下品な言葉を浴びせられたり。それでも、二〇人ぐらいの男性受刑者たちと円になって向きあい、ひたすら自分の体験や気持ちを語り続けた。そして、あることに気づき始める。

「彼らは、女性が自分自身の人生について語るのを、聞いたことがなかったんじゃないかって。特に、被害者が殴られたりレイプされた時に、どんな風に感じていたとか、レイプされた後をどんな風に生き延びてきたとか、そういう体験がどれほど人生に影響を及ぼしてきたとか、そんなことを耳にするのが初めてだったのよ。暴力を振るう側の彼らにしてみれば、被害者の女性から告発されているようなものよね。被害者の話にまともに耳を傾けることは辛い。無視したり、笑ったり、罵ったりしたのは、彼ら自身が動揺していたからだとわかったの。」

女性に向けられる眼差し

受刑者らが女性スタッフに向ける眼差しも、当初は気になることの一つだった。「獲物を見つけたって感じの、飢えた猫みたいな眼差しを向けてくる。気分のいいものではないわ。」そう言うと、「でも」と前置きをして続けた。「だからといって特段、居心地が悪いわけでもなかったのよね。だって、昔私はストリッパーだったから、ステージの上で裸で踊って男性に見られてたわけでしょう。少なくとも洋服を着てるわけだし、気にはなったけど、すぐに慣れたわ。」レジーナは笑い飛ばした。

社会から隔絶された刑務所の中で、男性のみの集団で暮らしているのだから、そこに異性が入れば好奇の目にさらされたり、言い寄られたりするのも、わからなくはない。アミティでは、参加者にスタッフの立場や役割を繰り返し説明するなど、境界線を引くことを心掛けるように促す。同時に、女性にとって、性の対象として見られることがいかに不快であり、居心地が悪いかということを、女性スタッフが自らの体験を通して彼らに伝えていく。たとえば、アミティの刑務所プログラムに参加するレジデントたちの部屋には、他の一般受刑者の部屋でよく見られるようなポルノ雑誌やポスターは見られない。女性を蔑む発言もやり玉にあげられる。レジーナは言う。

「禁止したり罰を与えても、彼らが学んできてしまった考え方や態度を変えることはできない。だからこそ、私たち女性の話に触れさせ、動揺させることが必要なのよ。見られる対象として、暴力を受ける対象として、私たちがどれだけ苦痛を強いられてきたかを、繰り返し、繰り返し、聞かせるの。時間はかかるけど、根本的に彼らの態度を変えるためには、それしかないと思う。」

さらに、女性の語りは男性の語りを引き出すことにも貢献していると、創設者であるナヤ・アービターは言う。一般に刑務所では、弱みを見せることは命取りだと考えられている。実際には男性受刑者の多くが虐待の被害者なのだが、それを知られることは弱みにつながり、他の受刑者に虐められる危険性があるから、被害者であることを認められないし、安心して語ることもできない。そんな刑務所文化にしがらみのない女性スタッフが、自らの被害体験やそれらに伴う感情、恐怖や恥についての詳細を語ることは、男性受刑者に被害者としての側面を気づかせると同時に、グループの中でなら語ってもいいという安心感を作りだす。特に、アミティに長く関わってきた女性たちは、セクシュアリティ、家族関係、服役体験、売春、レイプについて、深く、多面的に語ることができるという。(2) 女性を刑務所に配置することで、外の社会により近い現実的な環境を作ることもできる。

それらのほぼ全ての条件を満たすレジーナは、複数の刑務所プログラムに配属されてきた。大抵のことには動じなかったが、刑務所でどうしても慣れないものがあった。それは、男性看守たちの眼差しだった。アミティと違って看守の世界はまだまだ男性中心だ。今では女性の看守も増えたが、それでも全米の平均は二割程度で、一九八〇年代から九〇年代前半には一割に満たなかった。受刑者とハグしている傍らで、「ボロ雑巾を抱きしめてどうするつもりか？」とからかわれることもよくあったし、「社会のクズを相手にする脳天気な慈善家」「モンスターを飼いならす女調教師」などと揶揄されたことも一度や二度ではない。なかには、女性スタッフに対して売春目的で刑務所に来ているのではないかと勘ぐりを入れたり、性行為を意味するジェスチャーをするセクハラの看守もいた。受刑者からの眼差し以上に挑発的で、嘲笑と蔑みに満ちた眼差しは、彼女を疲弊させた。刑務所から別の施設への移動が決まったとき、彼女を一番ホッとさせたのが、「あの眼差しにさらされずにすむ」ということだった。

私自身、やはり同じような眼差しに接したことがある。もちろんレジーナとはレベルも頻度も違うが、「本当は何が目的なんだ？」と看守からジロジロ見られたり、すれ違いざまにニヤつきながら「ようこそ地獄へ」と言われたことや、「よりにもよってなぜ刑務所なんかを撮影するのか。カリフォルニアには素晴しい観光地がたくさんあるのに」と真顔で所長から聞かれたこともある。撮影中、何十メートルも先から看守が「サンディエゴ動物園より、ここの「動物園」のほうがよっぽどおもしろいだろ！」と叫び、周囲の看守がドッと笑うなんていうこともあった。もちろん、受刑者を動物扱いする看守ばかりではないのだが。

彼らの眼差しは、私たちを不快にさせる。女性蔑視はもちろんのこと、彼らの眼差しの根底には、受刑者への蔑視があるように思う。「受刑者＝どうしようもない奴ら、人間以下の動物」というレッテル、そしてその「どうしようもない奴ら」に関心を注ぐ「アバズレ＝レジーナをはじめとする女性スタッフや私」という二重のレッテル。さらに、人種や出自などの要素も絡んで、幾重にも絡まりあう偏見が、看守らの眼差しに透けてみえるのだ。

ドノバン刑務所では、看守らとアミティのスタッフによる、相互理解のための研修が行われるようになり、状況はいくぶん良くはなったと聞く。しかし、それでも根本的に状況が変わるわけでも、問題が解消されるわけでもないだろう。なぜなら、女性や受刑者を見る看守らの眼差しは、外の社会が持つ眼差しでもあるからだ。

二つの死

レジーナの額には、うっすらとふくらんだ腫れがあり、口元には一センチ程度の窪みがある。昔のボーイフレンドから負わされた傷痕だという。この二つ以外にも、彼女の身体には、幼少時から受け続けた暴力の痕跡がいくつも残っている。

ケルビンやチャールズと同様、LAの低所得者用の団地で生まれ育ったレジーナ。常に空腹で、水光熱費を払えず水道や電気を止められることもよくある極貧家庭だった。九人兄妹の上から二番目だった。アルコール依存症の父はどこからか酒を調達してきては、空腹の家族の横で飲んでいた。そして、酔っぱらうと暴れ出す父にいつも脅えていた。レジーナが四歳の頃、母親が別の男性との間に子どもを作り、両親は離婚した。以来、母親と養父の元で暮らすようになるが、養父はギャンブル依存症だった。賭け事のために家財道具を全て売り払い、食器さえ人数分揃っていなかった。子どもとの面会権が与えられていた実父の元には、週末や休みなどに兄妹と訪問した。十二歳のある週末、レジーナだけが実父のもとに呼び寄せられ、レイプされた。実父は、兄妹のなかでレジーナを一番愛しているからだと言った。誰にも相談できず、ひたすら自分を責めた。薬物を始めたのも、男性と性関係を持つようになったのも、その直後だった。「男なんて最悪」と絶望しながらも、男性がいないと落ち着かなくなった。そして、つきあう男性は例外なく、支配的で暴力的だった。

特にクライドという年輩の男性は酷かった。いわゆるポン引きで、薬物の売人だった彼はレジーナに売春をさせ、稼ぎが足りないといっては殴り、薬を与えては、休む間もなく客をとらせた。そのうえ、手錠をかけたり、身体をしばったりしたうえで性行為を強要するなど、レジーナは奴隷のように扱われた。堕胎も二度経験している。

一九八一年、クライドが殺された。レジーナが第一発見者だった。誘拐され、銃で何発も撃たれたうえに、身体が焼かれていた。死体は人間の形をとどめていなかった。彼女はこの事件を機にLAを去り、新しい場所で、新しい人生を始めたいと思った。薬物もやめると自分に誓った。まだ二三歳だった。

同年、アリゾナ州のツーソンに身一つで飛んだ。幼なじみのベンが、レストランをやっているから働かないか、と誘ってくれたのだった。行ってみると、そこはトップレスバーだった。他に行くあてがなかったレジーナは、その店でストリップダンサーをした。「こんなはずじゃなかったのに」という思いが募り、薬物をやめるどころか、使う量も頻度もどんどん増えていった。

やがてベンとつきあうようになったが、妻子があるうえに、他の女性をレジーナのアパートに連れ込み、勝手に住まわせてしまうような横暴で気まぐれな男性だった。おまけにレジーナの行動を逐一監視し、銃口をこめかみにつきつけ「お前は俺から逃げられない」と脅かしたり、気分次第で彼女をサンドバッグのように殴ったり蹴ったりした。ある日、仕事から帰ると、アパートの寝室が血の海と化していた。ベッドの上に、血にまみれたベンが仰向けになって倒れていた。鬱病だった彼は、拳銃自殺を図ったのだった。

二人の男性の死。暴力に満ちた滅茶苦茶な人生。そして堕胎。何もかも自分のせいだと思い込んだ。気がおかしくなりそうだった。そんななかで、テリーという若い男性とつきあうようになる。レジーナが働くトップレスバーに客として来たことで知り合い、一緒に暮らし始めたのだった。大学生でバスケットボール選手だった彼が足首を痛めた時、レジーナは「痛み止めになるから」とコカインをすすめた。「彼を薬漬けにしたのは自分」と彼女自身も言うように、二人は、寝ても覚めても薬を使うようになっていった。そして薬を手に入れるために、二人は窃盗や強盗を繰り返した。

ある日、盗難品のビデオデッキなどがぎっしり詰まったテリーの車が摘発され、テリーは窃盗と薬物所持で逮捕された。特別な保護観察下に置かれ、薬物治療の目的でアミティに送られることになった。半年間、彼への連絡は一切取り次いでもらえなかった。テリーがアミティのスタッフに、レジーナとの関係や薬物の使用について、洗いざらい話していたからだ。しかし、それでも彼女は、夜中に施設を訪れては、彼を誘惑した。ある日、酒とクラックでヘロヘロの状態で現れたレジーナに、テリーはこう言った。

「お前はどうしようもないヤク中だ。薬をやめないなら、別れる。」

それまで男性にふられたことも、ボーイフレンドを切らしたこともなかった彼女にとっては、屈辱的な言葉だった。「別れるですって？　ふざけないでよ！　あんたなんてこっちから願い下げよ」と啖呵を切って施設を後にした。

しかし、そうは言ったものの、薬漬けの生活からどうやって抜け出したらいいのか、レジーナにはわからなかった。テリーはアミティで薬物を断ったと聞いていた。以前と違う彼の様子や言葉も気にかかった。アミティには、薬がやめられる特効薬があるのかもしれない。そんな期待を抱き、顔見知りになったアミティのスタッフに電話をしたり、手紙を書いたりして、プログラムへの参加を懇願した。二八歳の頃だった。

加害の語りに耳を傾ける

アミティに来てからしばらくは、ショック状態だったという。期待していた特効薬など存在しないことはすぐにわかった。あったのは、「本当のことを語る」という辛くて果てしない作業だった。

「最初、スタッフは気がおかしいのかと思ったわ！　たとえば、レイプに関する映画を見た直後に、「自分の人生で、最悪の体験を五つ書き出しなさい」って言うのよ！　映画の途中でレイプの体験がフラッシュバックするし、見終わった直後は身体的にも精神的にもへとへとで、何が何だかわからないような状態。そんな時に、自分の被害体験を語りなさいって言われるのよ。」

レジーナの場合も、やはり最初の二、三ヶ月は、口を閉ざしていた。記憶が定かでないことも多かった。他の参加者らの性的虐待についての体験を耳にしていくうちに、子どもの頃の体験や感情が蘇ってくるようになった。そもそも性的虐待という言葉を聞いたのは、ここが初めてだった。参加者の一人が、兄からの性的虐待について語るのを聞いてひどく動揺した。あまりにも苦しくなって、男友達の元に逃げたりもした。しかし、かつて逃げ出したことのあるスタッフから「逃げても何も解決しない。問題を繰り返すだけ」と説得され、戻ってきた。

そのスタッフは、イレインという女性だった。後に刑務所プログラムのディレクターを務めることになった人物で、私の最初の訪問時に出迎えてくれた人物でもある。薬物を十三歳で始めたところから、ストリッパー、売春、窃盗、堕胎などの経験があるところまで、レジーナと驚くほどたくさんの共通点があった。目の前のイキイキとして、優しく包み込むようなイレインの姿からは、想像もつかなかった。イレインは別のTCに参加して薬物を断つことができるようになっていたが、アミティの創設者たちとの出会いを通して、また、理解不能と思われるような語りに耳を傾けることによって、今もなお人間的成長を続けていると言った。彼女のようになりたい。そのためには、耳を塞ぎたくなるような語りにも、耳を傾けなくてはならなかった。

「自分と似た境遇にある女性の話を聞いていくと、いかに私自身が、父親を始めとする多くの男に痛めつけられ、利用され続けてきたかということに気づかされる。だから、女性の話はある程度共感的に聴くことができた。でも、それが男性となると全く別。自分を苦しめた人物と目の前の男性が重なって見えて、男の話なんて聞きたくもない、と思ってしまうわけ。実際、グループのなかには、ガールフレンドや妻に対して暴力を振るってきたくせに、「愛の証だった」とか、「彼女が口答えをしたからだ」とか言い訳ばかりする男がいた。しばらくは、男なんてクソ食らえって思ってた。」

そう反発しながらも、男たちの話を聴き続けた。すると、彼らが育ってきた環境が見えてきた。暴力は生まれつきの資質ではなく、学んできてしまったのだということがわかるようになったのだ。「不思議なんだけど、同じ言い訳でも、それまでとは違う風に聞こえてくるようになったの。男が言い訳すればするほど、男がどんな風に女を見たり、支配してきたのかが明らかになる。彼らの話し方や反応を見ると、虐待やレイプのからくりが浮き彫りになり、自分の体験にもあてはめて考えられるようになった。」

そうしたプロセスを経て、レジーナはプログラムで語り始めた。六歳の頃から実父や祖父に身体のプライベートな場所を触られていたこと。後ろめたい気持ちがあったが、混乱していて、その気持ちをどう処理すればいいのかわからなかったこと。母親は妊娠、子育て、元夫と現夫とのゴタゴタで精一杯に見え、助けを求めたくても求められなかったこと。薬物をやったり、男性に抱かれている時だけが、安らいだ気持ちになれたこと。十七歳から十八歳にかけて二度妊娠し、二度堕胎したこと。一人きりで、しかも自分の手で堕胎したこと。それに伴う強い罪悪感。誰にも打ち明けたことのない体験や気持ちを、少しずつ、話していった。思い出すまでに、数年かかることもあった。

しかし、自分の体験を理解したとしても、額や口元の傷が消えてなくなるわけではない。父親から受けたレイプや義理の祖父から受けた性的虐待という事実は変わらないし、それで受けた心の傷が完全に消滅することもない。加害者が心を入れ替えるわけでもない。今でも父親はレイプの事実を否定しているし、母親は「知らなかった」の一点張りだ。

「お母さんが、もっと勇気のある女性だったらって夢想することがあるの。彼女が自分に自信を持ち、自分の声を持つことができていたら、私や兄妹の人生は、どれほど違っていただろうって。だから、私は母親と同じ過ちを繰り返さないって決めた。勇気を持とうと思った。どんなに聴きたくないことや、否定したくなるようなことでも、耳を傾ける勇気を持とうって。そこにはきっと、暴力を絶つための何らかのヒントが含まれているはずだから。」

母子プログラム

アミティはこれまで、男性刑務所でしか活動を許可されてこなかった。女性刑務所に関心がなかったわけでは決してない。女性スタッフのなかには、服役体験のある者も多い。アメリカ自由人権協会の調べによると、カリフォルニア州の女性刑務所では、受刑者の九二パーセントもが虐待や暴行などの被害者である。(3) 男性受刑者の多くもかつての被害者であることには違いないが、女性の場合は、男性よりも暴力を長期にわたって受け続けている場合が多い。性暴力を含む加害者の多くが身内であることも関係している。たとえば、暴力から自由になるために家を出ても、生き延びるために売春や薬物売買などの違法行為に従事せざるをえず、その関係で知り合った新しいパートナーから、被害を受け続ける傾向が強い。(4) とすれば、女性刑務所でこそプログラムが必要だといえる。

しかし、実際はその逆だった。そもそも女性受刑者の数が男性に比べて少ないことや、女性受刑者に占める暴力犯罪の比率が低いなどの理由から、女性刑務所がプログラムの対象になることは少なかった。(5) 教育や職業訓練が男性刑務所と比べて浸透していないのも、同じ理由からだ。最近まで、あるべき母親像や妻像という古いジェンダー観に基づく、家事や身だしなみに関するものがプログラムの中心だったという[6]。加えて、大抵の刑務所内TCは、薬物からの離脱を最終目標に置いているが、さらに包括的な人間育成を目指すアミティのアプローチは理解されにくく、制度側から敬遠されてしまうらしかった。

だからといって、TCと女性刑務所とのつながりが全くないわけではない。二〇〇〇年以降、アミティはニューメキシコ州の女性刑務所や拘置所に、アウトリーチ（現場に出かけて観誘・面接をする）という名目で入ってきている。男性刑務所のようにプログラムの運営を許可されるところまではいっていないが、受刑者に釈放後のプログラムについて説明をしたり、個別面接を行って参加を促してきている。アルバカーキに開設された支部では、通所専用のプログラムを運営しており、ドラッグ・コート[7]（薬物専門の裁判所）、児童保護局、労働局、保護観察局、ホームレス支援団体、HIV／AIDS感染者支援団体などと連携して、主に薬物やアルコールの問題を抱える女性とその家族に対応してきた。

二〇〇五年三月、私はアルバカーキの空港に降り立った。ニューメキシコ州で行われている女性向けの数々のプログラムを視察するのが目的だった。シャナ・キャンベルという馴染みのスタッフが、空港まで迎えに来てくれた。彼女はかつてツーソンのサークル・ツリーや、一九九〇年代末に閉鎖されてしまったデザート・ウィローという母子プログラムでスタッフをしていた。ウェーブのかかった金髪に、優しく包みこむような笑顔。流行のスタイルに身をかためた、洗練されたルックス。前科があり、かつて手に負えないほど暴力的だったなど、想像にも及ばない。私は一九九五年に初めてアミティを訪問した頃から彼女を知っているが、彼女のことを知れば知る程、よく生き延びてきたと思う。

ニューメキシコ州、ロス・ルナス。

アルバカーキの空港から国道二五号線を南下し、三〇分も走っただろうか。人口一万人程度の小さな村、ロス・ルナスに、アミティが運営する母子プログラム、ラ・エントラーダ（入口を意味する）の施設があった。当時シャナは、このプログラムのディレクターを務めていた。女性と子ども、それぞれ五〇床ずつの一〇〇人規模で、ほぼ満杯だった。いくつかの民家を改造して、居住とプログラムの空間を分けていた。パステルカラーで統一された外壁、手入れの行き届いたガーデン、ブランコやすべり台などの遊具、暖色系の母子用ベッドルーム、手作りのおもちゃ箱や本棚……。託児所も併設されており、アットホームな空間だった。

運営費は州の矯正局から出ており、女性受刑者のアフターケアプログラムという位置づけだったから、レジデント全員が元受刑者だった。二〇名余りのスタッフのうち十五人が女性で、その多くにはやはり服役体験がある。週に一度、スタッフは往復三時間かけて女性刑務所に出向き、アウトリーチを行い、希望者を募っていた。

なぜ母子プログラムが必要なのか。それは、女性受刑者の八割に子どもがおり、大半がシングルマザーだからだ。女性受刑者の多くが、頼れる人間関係を持っていない。よって、子どもにとっては母親が唯一のライフラインである。刑務所は、子どもからそのライフラインを奪ってしまう。服役期間中、多くの子どもたちは親交の薄い親戚、養護施設、里親宅などに預けられ、不安定な生活を送る。母親が戻ってきたとしても、物理的にも精神的にも、すぐには以前の生活に戻れない。だからまず、最初の三〇日から九〇日間は刑務所からの移行期と位置づけ、子どもたちとの関係を徐々に取り戻していく。電話や文通などを通してコミュニケーションをはかり、週末に訪問させたり、ペアレンティング（子育ての方法を学ぶ）のクラスを受講させたり、他の女性の子どもたちの世話を手伝わせたりして、日常生活の機能や感覚を、少しずつ取り戻して行く期間である。そもそも親から絵本を読んでもらったことのない女性も多い。プログラムでは就寝時に、ベッドサイドで互いに絵本を読み合うような機会も作っている。

女性たちの様子をスタッフが観察し、大丈夫だと判断すると、子どもを呼び寄せ一緒に暮らせるようになる。そして日常生活のサポートを行う。子どものいない人、親権を失った人、精神疾患がある人たちには、それぞれのニーズに合わせたプログラムが用意されている。看護婦が常駐し、ソーシャルワーカーや精神科医なども週に何度か訪れる。外部団体につなぎ、職業訓練や住居の斡旋を受けるためのサポートも行う。滞在期間の基本は半年から十八ヶ月だが、多くが一年以上を過ごす。釈放されてから、社会で普通に暮らしていくためには、最低そのぐらいの時間が必要だからだ。

鏡との対話

この日、ラ・エントラーダでは、映画『ライファーズ』の感想を、グループ単位で発表してくれることになっていた。数日前に上映会を開き、準備をすすめてきたという。五〇人程の女性たちが居間に集い、詩、歌、踊り、手紙、寸劇など、思い思いの方法でそれぞれの感想を表現してくれた。ラップやダンスには度肝を抜かれた。レジデントやスタッフにも大受けだった。映画の感想をこんな方法で表現できるなんてと、いずれに対してもひたすら感動したが、最も強烈な記憶として残っているのが、映画に触発されて作ったというサイコドラマ（心理劇）風の寸劇だった。

アイリーンという女性が前に出てきた。ストレートのロングヘアで顔と身体を覆い隠しているように見えた。よく見ると、火傷の痕なのか、顔も、首も、腕も、皮膚がひきつっていた。寸劇は、ビールを飲みながら彼女が運転する場面から始まった。彼女は、酔っぱらって通行人を轢いてしまう。そして、警察がやってきて逮捕される。次の場面は火事。目が覚めると家が燃えている。彼女は全身の七五パーセントを火傷してしまう。夫は背を向け、よそよそしくなる。酒をあびるように飲むアイリーン。

別の女性が、両腕で枠のような形をつくり、アイリーンの前に現れた。アイリーンの上半身を映し出す鏡の役だった。アイリーンに問いかける。「鏡に何が映っている？」黙るアイリーン。アイリーンを覗き込むようにして、何が見えるのか、と再び問う鏡。しばらくして、消え入りそうな小さな声でアイリーンが答える。「醜い顔……。」「え、何？　聞こえない」と聞き返す鏡。「……醜い私の姿……。」鏡が聞く。「なぜ醜いと思うの？」言葉を飲み込むアイリーン。鏡がたたみかけるように問う。「何があったの？　四回も酒酔い運転で捕まって、刑務所を出たり入ったり。それほど飲まなくちゃならないほどの、何があったの？」嗚咽し始めるアイリーン。

彼女たちの周りを、数名のレジデントが囲んでいた。一人はアイリーンの肩を抱き、もう一人は優しく髪をなでている。鏡の横にも数名立っている。皆アイリーンが言葉を発するのをじっと待っている。しばらくしてぽつり、ぽつりと語り始めるアイリーン。ある日、酔っぱらった夫から火傷のせいで「お前は醜い。恥ずかしいから、そばへ寄るな」と捨て台詞を言われたこと。ショックを受け、自殺を試みたが、死にきれなかったこと。酒を飲んで気を紛らわせようとしたこと。目が覚めたら昔の自分に戻っていることを夢想し続けてきたこと。二人の子どもも自分を避けていると感じたこと。ある日、泥酔して気を失っている自分の横で、「昔は優しくてきれいで自慢のママだったのに」と息子がつぶやいたこと。それが、彼女の心を粉々に砕いてしまったこと。

鏡が言った。「私に映っているのは、心優しいアイリーン。子どもたちを誰よりも愛している女性。ふさぎこんでいる仲間がいると、いつのまにか隣に座って寄り添ってくれる優しい女性。編み物が上手で、歌声がきれいな女性。そして、つらい過去に立ち向かうことができる、勇気ある女性。」鏡はアイリーンの顔に手を伸ばし、涙を流しながら語りかけた。「アイリーン、あなたはとても美しいのよ。言ってみて。何が見えるかを。」アイリーンは顔をあげ、言った。「私はアイリーン……私は美しい。」その場に居た全員が涙した。

最後に八人のキャスト全員が前に立ち、感想を言った。辛い過去に向きあったアイリーンの勇気をそれぞれがたたえた。アイリーンは涙をぬぐいながら、私のほうに向かって言った。

「『ライファーズ』を作ってくださってありがとう。私は火事にあってから今まで自分に直面するのが恐かったのです。全てを忘れたかった。だからお酒を飲み続けました。でも、飲んでも飲んでも忘れられませんでした。目が醒めると恥と罪悪感でいっぱいになり、さらに飲みました。何度刑務所にいっても懲りませんでした。でも、映画から、たくさんのことを気づかせてもらいました。勇気ももらいました。主人公のレイエスやチャールズから、最も辛い真実に向かいあうことの大切さを教えられたのだと思います。寸劇をやる前は恐かったけれど、やっと最初の一歩を踏み出すことができた気がしています。ありがとう。」

その一年前の二〇〇四年、母子プログラムのディレクターであるシャナが来日した。女性と暴力をめぐるいくつかのイベントに、講師として招かれていたのである。彼女は行く先々で堂々と自らの被害、加害、そして変容の体験を語り、多くの人を驚かせ、そして勇気を「感染」させていった。(8)ある夜、女子刑務所から出所して間もない女性たちが暮らす更生保護施設に、私はシャナを連れていった。彼女たちは日中は職を探すか、仕事をしている。特にプログラム的なものはなく、住居が決まるまでの間の一時的な場所だと説明を受けた。風呂あがりのこざっぱりとした四、五人の女性たちに囲まれ、一時間ほどシャナは語った。私は通訳として、それを日本語に訳した。

話は、シャナがそもそも望まれて生まれてきたわけではなく、厄介者だったというところから始まった。弟が生まれると、母親は弟を連れて家を出ていき、シャナは祖母の元に置き去りにされた。二歳頃から叔父の暴力や性的虐待にあっていたが、誰にも助けを求められなかった。五歳のときに父親の元に引き取られたものの、継母やその連れ子にいじめられ、奴隷のような扱いを受けるようになる。サムというもう一人の人格を自分のなかに作りあげたのは、生き延びるためだった。その後実母の元に行くが、母親は自殺未遂を繰り返し、継父にはレイプされ、挙げ句の果てに十六歳で見知らぬ町に捨てられる。そしてその町で、ヘロイン漬けになり、食べるため、薬を手に入れるために売春や強盗をして、少年院から刑務所へとお決まりのコースをたどる。

その後刑務所から出所し、暴力的なポン引きの男性と結婚をした。常に、鼓膜、鼻、肋骨のいずれかが破れたり折られたりしていた。サンドバッグのように人前で殴られた。しかし、誰も助けてくれない。結婚後も売春を続けさせられ、シャナ自身が、客に対して暴力を振るうようになっていった。薬物所持や売買、強盗、暴行などの罪で数えきれないぐらい捕まり、合計五年半を刑務所で過ごした。子どもは四人産んだが、そのうち二人は養子に出し、今もどこにいるかわからない。あるとき、夫の暴力から逃れるために、四歳になる娘を夫の元に置き去りにした。娘と再会したのは九〇年代の半ばで、娘が売春行為を通してHIVに感染し、絶望のどん底にいる時だった。娘はエイズを発症して他界したが、それまでの数年間、失った二〇年余りの時間を取り戻すかのように、母と娘は関係を育んだ。娘との再会を実現できたのも、生きて行く希望を見いだせるようになったのも、シャナを信じてサポートしてくれる友人やアミティと出会ったからだ。アミティでは驚くほど自分と似た感情を抱いている人がいた。死んでも話せないと思っていたことを、少しずつ語れるようになっていった。大学に入り、学位をとった。誇りに思える職業にもつけた。優しいパートナーと出会い、今は彼と二人の連れ子と幸せな生活を築いている。そして最後にこう締めくくった。かつて自分を守ってくれたサムの存在は必要なくなり、シャナに戻ることができるようになったと[9]。

女性たちは、身を乗り出して聞き入っていた。目の前にいる可憐な女性と、あまりに過酷な体験とのギャップに、呆然とした様子だった。自分の体験とも重なり、励まされたと発言する女性や、具体的な助言を求める女性もいた。帰り際、高齢の女性がシャナの傍に歩み寄った。薬物所持や窃盗で、刑務所に入った回数は片手では収まりきらない、とその女性は言った。「私はもう七〇になります。こんな私でも希望は見つかりますか？」懇願するような、祈るような眼差しだった。「まだ間に合いますか？」彼女はたたみかけるように、質問を繰り返した。私は胸を締め付けられる思いで、シャナに訳した。

シャナは彼女の手をとり、笑顔でうなずいた。「もちろん！　私みたいな人間が、希望を見いだせたんですよ。」その女性は、嬉しそうに笑みを返し、ありがとうと何度も何度も頭を深く下げ、部屋を後にした。

二年後、日本のとある女子刑務所を訪問した。その数年前にも別の女子刑務所を訪問していたが、そことさして変わらない印象を受けた。刑務作業が中心で、受刑者同士のプライベートに関わる話し合いは禁じられている。外部との交流も制約が多い。たとえば、面会時間は三〇分以内と短時間で、刑務官がかならず立ち会い、受刑者は面会者に触れることが許されない。子どもが面会に来ても、手は膝の上に置いたままだと、若い女性の刑務官は当然のごとく言った。接触させると受刑者が動揺するからというのがその理由らしかった。

その刑務所には、子どもを胸に抱く母親の銅像があった。刑務官はそれを指し、著名な女性政治家がデザインしたと誇らしげに言った。そして、受刑者にはこれを毎日見て、外にいる子どもに思いを馳せ、刑をしっかり務めるためだと言った。希望を目の前につるされたまま、手も足も縛られたままの状態で、つべこべ言わずに反省しろ、と言われているようなものだ。この刑務所で行っていることは沈黙の強要であり、ディスエンパワメント（無力化）ではないか。私が受刑者なら、反省どころか、恥と罪悪感と屈辱感でいっぱいになり、正気ではいられないだろう。私のこの強い違和感は、シャナの発言と重なる。

「沈黙と孤立が人間の最大の暴力行為だということです。折れた腕はいつかくっつくし、血が流れていてもその上からバンドエイドを貼ればいい。歯が欠けたら入れ歯を入れればいいのですが、沈黙や孤立に即効で効く治療薬はない。それらは強く感情を傷つけ、深い心の傷を残します。(10)」

希望の手紙

レジーナがアミティに暮らし始めて九ヶ月目に書いた文章がある。それは「女性たちの希望の手紙」という教材に収められており、今でもアミティのなかで読み継がれている。

一九八七年五月　こんにちは、私の仲間へ

私の名前はレジーナ。カリフォルニア州LA出身の、二九歳の黒人女性で、ツーソンに来て六年が経ちました。九ヶ月前、人生を変えるためにアミティの戸を叩きました。

薬物を使い始めたのは十三歳の頃。売春婦を十一年、ストリップダンサーを五年やりました。客が私の下着にはさむ一ドル札のように、自分のことを安っぽく感じていました。自分をヤクのために売り、コカインに人生を操られ、完全に尊厳を失っていました。二つの死を経て、ようやく何とかしなければならないと気がついたのです。（中略）

自分の人生に起こったいくつかの出来事に関しては、ようやく向きあえるようになり、囚われずにすむようにもなりました。それができるようになったのは、グループという場所を使って、自分や他人に対して正直になる方法を学ぶことができたからです。

ここで、たくさんの希望も得たけれど、いまだに恐怖心も残っています。薬物を使わない状態を維持できるかどうか。自分の尊厳を保てる仕事につけるかどうか。男性と、正直で人間的な関係を持てるようになれるかどうか。そして、母親や兄妹と、良好な関係を築いていけるかどうか。

もし、あなたが本気でより良い人生を求めるなら、あなたは今ぴったりの場所にいます。仲間の声に耳を傾けてみること。やってみる価値はあります。でも、あなた自身が努力しなくてはなりません。その先には素晴らしいことが待っています。あなたに会えるのを楽しみにしています!

レジーナより(11)

手紙を書いてから二五年後の現在、レジーナは、LA支部を拠点にカリフォルニア州の地域ディレクターを務め、スタッフの研修や調整で施設から施設へと奔走している。管理職についた今も、彼女のエネルギーや魅力は、刑務所で働いていた当時とちっとも変わらない。どんなに大変なことも、笑い飛ばしてしまう。あるとき、自分の人生に満足しているか聞いてみた。

レジーナは深くうなずき、「アミティに出会っていなかったら、今頃生きてないわね」と答えた。

そして、「こんな波瀾万丈な人生、誰にもおすすめできないけど」とケラケラ笑った。

実は、レジーナは一番下の弟と妹を立て続けに喪くした直後だった。妹はアルコール、弟はコカインが死の遠因だった。その前の年には、別の妹を自殺で喪ったばかりだったこともあり、弟や妹の死を整理しきれていないと言った。また、心臓疾患を持つ母親の面倒を見たり、アルコール依存で精神を患う弟が突然転がりこんできたりと、日常生活でのストレスも多い。かつての自分なら間違いなく、薬物に手を出したり、誰彼構わずセックスしたりして、気を紛らわそうとしただろうという。ただ今は、話を聴いてくれたり、助けを求められるコミュニティがある。そして、自分の後に続いて、新しい道を歩き始めている人々が各地にいる。そのことが支えになっているという。

一方シャナは、この春、最愛のパートナーをガンで喪った。急な死だった。哀しみが癒えないないか、新たな女性刑務所の釈放後プログラムがアルバカーキで開始される。シャナは、その責任者として重要な役割を担っている。二人の子どもも育てていかなくてはならない。次から次へと押し寄せる人生の試練。それくらいにしてあげてよ、と神様に懇願したくなってしまう。

ただ、苦しみのまっただ中にあっても、不思議と彼女たちに悲壮感はない。シャナもレジーナも、苦しみや哀しみをしっかりと抱きしめて、きっと試練を乗り越えていくに違いない。薬物や暴力に頼らなくてもいい物事の捉え方や対処方法を彼女たちは身につけている。彼女らを支える仲間もいる。もちろん、絶対なんて言い切ることはできないが、たとえ何かあったとしても、また軌道修正できるはず。そんな安心感を感じさせてくれる。

エピローグ　ティワナから

番号から名前への旅

photo by Kaori Sakagami

贖罪は、世界観の変更を要請する。

ダイアン・ヘネシー・パウエル(1)

強制送還

二〇〇九年三月初旬、携帯電話の着信歴に、見覚えのあるLAの番号が残っていた。留守録を確認すると、LAのアミスタッド代表のマーク・フォーセットからだった。

「レイエスが釈放される。四八時間後、釈放先は……ティワナだ。」

まさか、と耳を疑った。突然の釈放。しかも、釈放先のティワナは米国ではなく、メキシコだ。

私は七年前のある場面を思い出していた。

二〇〇二年十二月、レイエスにとっては八回目にあたる仮釈放審議会でのこと。突然、審議委員の白人女性が、国籍について持ち出した。

審議委員　あなたはアメリカ国民ではありませんね?

レイエス　それは……兵役につくとき、採用事務所で聞いてみたのですが、「あなたはアメリカ合衆国のために闘うのだから、すでに国民ですよ」と言われました。
審議委員　アメリカの国民、ですか？
レイエス　兵役につくのだから、当然でしょう。
審議委員　国籍が与えられるのは、兵役を終えてからだと思っていましたが。
レイエス　退役後、身分証明書をもらいにいかねばならなかったのですが、申請するのを怠っていて……。
審議委員　ちょっと待ってください。結論からいうと、あなたは移民局から通告を受けています。それをどうにかしなくてはなりませんね。ご存知のとおり、一九九六年に法律が改正されたんです。
レイエス　……（無言でうなずく）……。

法律の改正とは、一九九六年に発布された「不法移民改正及び移民責任法（ＩＩＲＡＩＲＡ）」を指す。非合法移民の排除を徹底し、米国の移民政策を大幅に変えたと言われる改正移民法だ。不法に滞在した期間が一年を超える場合、最低でも十年は国外退去を命ぜられる。重犯罪者に関してはさらに厳しく、適用されれば一生入国を拒否される。

審議委員　滞在が合法か違法かにかかわらず、暴力的な犯罪、重罪を犯したら、祖国に戻ってもらうことに決まったのです。あなたの犯罪は法律改正の一九九六年より以前だったので、自動的に強制送還されることはありませんが、法の適用対象にはなります。正直、どういう決断が下されるかわかりません。メキシコにツテはありますか？

レイエス　……はい。

審議委員　メキシコでの職は？

レイエス　ここと同じような仕事です。

審議委員　住まいは？

レイエス　住むところは見つけられると思います……。

審議委員　早急に見つけるべきです。遅かれ早かれ、移民局の審議にかけられます。強制送還にならないことを願いますが、おそらく難しいでしょうね。

レイエス　はい。

審議委員　釈放されたとしても、移民局に送られます。

レイエス　……（無言でうなずく）……。

審議委員　家に寄ってから送還、なんて余裕は与えられませんよ。移民局から直接祖国に強制送還です。今から準備をしておいたほうがいいですね。

思いもよらぬ展開だった。レイエスがメキシコから米国に渡ってきたのは小学生の頃だったから、国籍について私は疑問に思ったことがなかった。家族は全員「アメリカ人」として暮らしている。

レイエスも刑務所では他の受刑者と同じ扱いだ。ましてやベトナム戦争時に、短期間ではあったが兵役にもついていたから市民権について考えたことすらなかった。手続きの怠りが強制送還につながるなど、誰が想像しただろう。

しかも、移民法の改正は服役中のことだったから、このような展開になったことを一番驚いていたのは、レイエス本人だったに違いない。二〇〇一年の九・一一以降、不法移民への取締りが一層厳しくなっていたから、その煽りを受けたのだろう。彼の国籍が話題になったのは、今回が初めてだった。彼は何度も言葉に詰まり、審議委員はここぞとばかりに早口でまくしたてた。そして、審議委員は改正移民法を盾に、レイエスの「祖国」はメキシコであり、米国には属さないというメッセージを繰り返した。そこには露骨なまでの偏見が感じられ、近年の移民排除、特にラティーノに対する排除を強める米国政府や市民の姿勢を見せつけられた気がした。私は映画には、この場面を含まなかった。彼を釈放しない理由として、強制送還を口実にしているようにしか当時は思えなかったからだ。

米国の多くの州では、仮釈放の条件を満たしているにもかかわらず、大勢のライファーズが釈放されていない、もしくは審議さえ行われていない。その数は数万単位と言われている。そのことを問題視し、訴えを起こす動きが全米規模で起こっていた。カリフォルニア州でも、大学教授や弁護士らが、ライファーズのいくつかのケースについて訴訟を起こしていた。この一連の訴訟では複数が勝訴している。レイエスの場合、前回からさらに二回審議を行っていたが、そのいずれも審議委員会が仮釈放を許可するという判断を出していた。にもかかわらず、結局は知事が署名をせず、釈放に至っていなかった。レイエスは一連の訴訟に関して自ら調べ、経験のある弁護士を探しあてて依頼した。そして、手続きの違法性を訴え、勝訴したのだった。

撮影から七年後、合計十一回の仮釈放審議の末、ようやくレイエスに釈放が許可された。ただ、手放しで喜べなかったのは、改正移民法の適用がなされたことだった。メキシコへの強制送還は、現実となった。

ティワナへの道

私は、レイエスに会いにいくことにした。ティワナはメキシコ最北に位置し、米国側ではカリフォルニア州と隣接しているから、米国経由で入ることにした。大急ぎで入国手続きや航空券の手配をし、LAに到着したのは、釈放の二日後のことだった。マークと若いインターンの男性ダグが車で案内してくれることになり、空港で落ち合った。彼らは刑務所の服役体験はなかったが、かつて薬物や暴力の問題を抱え、その問題に向きあい続けている当事者である。これから向かうティワナは、私にとっては慣れない土地で、しかも機内のニュースで治安の悪さが報道されていたから緊張していた。車から手を振る二人の姿を見て、私はなんだか無性に安心した。

マークは、レイエスの釈放に合わせてメキシコへ行き、私を連れにLAまで戻ってきてくれていたのだった。片道四、五時間の二往復だ。彼は、今までの取材においても、私の足に、杖になってくれていた。父親が弁護士で母親が専業主婦という裕福な家庭に生まれ育ち、お金に困ったことは一度もない。ギャングに属した経験もない。幼い頃に親が離婚し、孤独を紛らわせるために十五歳から薬物を使用していた。十七歳という人生の早い段階でアミティにつながり、二年近くの間、ツーソンのサークル・ツリーに身を置き、生き直しをはかった。その後、大学で心理学を学び、別のTCに数年間勤めた後に、アミティにスタッフとして戻ってきたのだった。

一方、ダグは一年前まで麻薬の密輸組織を牛耳っていた。彼の両親はともに薬物依存者で、性産業に身を置いていたことがある。ともに刑務所の出入りを繰り返し、ダグは妹と一緒に、母親のボーイフレンドや里親の元を転々とした。妹と引き離されるのを恐れて、万引きで食いつないでいた時期もあったという。受刑者の親を持つ子どもについては第六章で触れたが、親が薬物依存者の場合は子どももハイリスクと言われており、ヘロイン依存のダグは、まさにその典型例だといえる。彼のケースのように、親子二世代でアミティにつながるケースも最近は増えているようだ。

二人はこのように、育ちも経歴も違ったが、レイエスから影響を受けていた。マークは仕事を通してレイエスのことを二〇年間見守り続けてきた。レイエスは出所していった受刑者のことを常に気にかけていて、マークが刑務所を訪れる度に彼らの様子を聞きたがったという。うまくいってることを知ると自分のことのように喜び、あまり良くない話をすると、連絡先を調べてほしいとマークに頼んだ。そして、刑務所の中から手紙で叱咤激励するのだった。LAの社会復帰施設アミスタッドでは、ドノバン刑務所からの仮釈放受刑者も数多く受け入れているが、服役中にレイエスに励まされた者、親身に相談に乗ってもらったという者は数えきれない。マークはそんなレイエスを心から尊敬していた。一方ダグは、レイエスにはまだ会ったことがないが、教材や映画を通して知っていた。自らの人生を包み隠さず、繰り返し語り続けろという彼のメッセージを大切にしてきたという。「まだまだ自分は真実に向きあいきれていないから」と小声でぼそっと言ったのが印象的だった。

三時間余り、そんな話をしながらフリーウェイを走った。レイエスが三〇年収容されていたドノバン刑務所を横切り、彼の両親が今も暮らすサンイシドロの町を通過する。今までに出会った受刑者たちの顔、七年前、レイエスのために新調した家具を嬉しそうに見せてくれた母親の姿、空虚な面持ちでソファーに座る父親の姿が浮かんだ。

レイエスの釈放を誰よりも心待ちにしていた両親が、国境を越え、レイエスの元を訪ねたのは、釈放の翌日になってからだとマークは言った。目と鼻の先とはいえ、父親の体調も悪く、なかなか思うように行き来できない。父親はもう一人では歩けない。外出は病院通いぐらいで、車もなく、ヘルパーを雇うお金もないから、親族を頼るほかない。家族の再会に立ち合ったマークは、年老いた父親の姿が忘れられないと深いため息をついた。小刻みに震える手をレイエスの手に重ね、顔をぐちゃぐちゃにして子どものように泣きじゃくる姿。そして家族が帰った後にレイエスが言った一言。「俺が彼の魂を殺したんだ。」胸が詰まった。

レイエスの両親が暮らす町には、被害者遺族も暮らしている。加害者の釈放は遺族にも報告されることになっているが、彼女らはどんな思いでいるのだろう。事件当時、被害者の妻のお腹にいた娘はもう三〇歳だ。彼女は一度も仮釈放審議会に顔を見せなかった。赦してもらえなくとも、たとえ罵倒されようとも、直接謝りたいとレイエスは言っていたが、その機会はなくなった。毎回欠かさず出席していた被害者の妻と息子は、七年前の審議会を最後に、顔を見せなくなっていた。回を重ね、時を経て、もう十分だと思ったのか、加害者の変化を目の当たりにして気持ちが変化したのか、精神的苦痛をこれ以上続けるのが耐えられなくなったのか、それとも別の理由なのかはわからない。ただ、審議委員会宛に「一生釈放すべきではない」という手紙は最後まで届いていたというから、レイエスを赦したわけでも、気持ちが大幅に変化したわけでもなかったことは推測できる。それとも加害者が国外追放になったことで、多少は気持ちに折り合いをつけられるのだろうか。それとも……。

しばらくすると、小高い丘から、赤茶けた町の光景が開けた。フェンスやトタンの壁で隔てられた国境の向こうには、建物がひしめきあい、異国情緒が漂う。MEXICOと大きく書かれた検問所に向かって、いくつもの車線に並んだ車の列は、ゆっくりと進んでいく。その脇で、鉄枠つきの回転ドアをくぐって歩いて入国する人たちもいる。

車もゲートを通過するだけで、入国審査もなく素通りだった。入国したとたんに砂埃が舞い、空気が変わる。前方から、路上に座る人の列が目に飛び込んできた。彼らは皆、両腕を頭の後ろにあてていて、その周囲には数名の制服姿の白人男性が見張りで立っていた。バスのなかからも人がぞろぞろと降りてきて、その列に加わっていく。国境警備隊の車がその横に停まっていたから、米国から強制送還されてきた「不法移民」に違いない。米国には六〇〇万人を超える中南米からの不法移民がいると言われており[2]、その多くがメキシコのなかでも最も貧しい南部や、グアテマラやエル・サルバドルといった中米諸国の出身者だ。毎日こうして何百人もの不法移民の摘発が行われ、米国側から強制送還されてくる。米国に渡る途中でコヨーテと呼ばれる違法仲介者や国境警備隊、民間の自警団らに暴行され、命を落とす者も少なくない。それでも彼らは米国を目指す。

私にとって、米国とメキシコの行き来は今回が初めてではなかった。その度にメキシコへの入国の容易さと、米国への入国の厳格さに愕然とし、そのギャップに憤りを感じるのだった。米国側は、特に中南米出身者に対しては厳しい。NAFTA（北米自由貿易協定）関連の特別な扱いを除いては制約が多く、両国の間を簡単には行き来できない。レイエスの一家が移住した一九六〇年代は、まだ比較的自由に往来ができた時代だ。世界一豊かな米国と貧困世帯が半分を占める貧しい国が地続きで存在している。貧しい側からすれば、国境を越えると最低賃金が十倍以上にはねあがる。だから、多くの人々が壁を乗り越え、命の危険を犯してまでも非合法で米国へ渡るのだ。絶対的経済格差がそこに存在する限り、問題はなくならない。それは薬物や暴力の問題とも重なってみえる。生き難さを生み出す根本の問題が解決しなければ、いつまでたっても暴力や薬物依存という症状はなくならない。それどころか、時とともに問題は複雑化する。

ホーム（刑務所）からの旅立ち

メキシコ最北端に位置する人口一五〇万人の大都市、ティワナ。

米国への入口として、また、薬物の密輸ルートとして、とりわけ二〇〇七年以降、薬物や人身売買絡みのギャング抗争、治安当局による取締りの強化、それへの報復などで治安悪化が目立つ。私が訪れた二〇〇九年は、メキシコ全体でギャング絡みの殺人事件が年間一万件近く起きたが、そのうち二割近くがティワナ市内だった。麻薬組織による複数の警察官への残忍な報復殺人があった直後だったこともあり、市内は戒厳令下のようである。マシンガンを手にした迷彩服と覆面姿の兵士やジープが至るところに配置されており、通行人はまばら、物乞いが目立つ程度で、町は閑散としている。検問所から数分も走ると、通過儀礼のように車を止められ、荷物検査が行われた。覆面マスクの下からギョロギョロ光る目で、突き刺すように私たち一人一人を眼差す。緊張で身体が硬直した。鉄条網と刑務官と監視カメラに囲まれた刑務所から解放されたと思ったら、壁と軍隊と監視カメラに包囲される生活が待っていた。まるでSF映画を見ているような気持ちになったが、それは、紛れもない現実だった。

「エル・コンキスタドール（征服者）」という町はずれのモーテルに、レイエスは身を寄せていた。その勇ましい名前とは裏腹に、人気のない古びた二階建ての建物だった。マークが一一七号室のドアを叩いた。背の高い色黒の男性が顔をのぞかせた。ギャビという名のメキシコ系アメリカ人で、レイエスにとっては唯一の地元の知人だった。部屋の奥にレイエスの姿が見えた。ベッドに座って携帯電話で誰かと話していたが、私たちに気づいて慌てて電話を切った。両腕を広げ「征服者へようこそ！　ついに自由の身だよ！」と笑いながら、長い間ハグをした。

二日前、レイエスはドノバン刑務所から車で連行され、国境の前で降ろされた。そして刑務官に付き添われて、国境の回転ドアをくぐった。刑務官はレイエスの手錠をはずし、「これで終わりだ。じゃあな」と言うと、米国側に向かって去っていった。レイエスの所持品は、小さなビニール袋一つと二〇〇ドルの小切手のみ。メキシコの身分証明書がないので、現金化することは無理だ。所持金ゼロで、馴染みのない場所に置き去りにされたも同然だ。

一方、マークは事前にティワナに入り、回転ドアの先で待機していた。受刑者にとって、いかに釈放直後が重要かを彼は心得ている。レイエスの両親と連絡をとり、数日間の宿泊先の手配からその後の落ち着き先などについても相談に乗っていた。レイエスの希望で、ティワナに暮らす元受刑者仲間のギャビという友人にも連絡をとった。しばらくこの町で暮らしていかざるをえないレイエスには、仲間やサポート体制が不可欠だったが、犯罪に手を染めている人物はまずい。マークは面識のないギャビという人物について可能な限りの情報収集をした。彼がギャングから足を洗い、敬虔なカトリック教徒であり、PC関係の仕事に従事していて、家族を大切にしているということを複数の人間から確認した。そのうえで、二人を引き合わせたのだった。

私が訪れた夜、ギャビのガイドで地元のメキシコ料理店に行った。レイエスはあれもこれも食べたいと迷い、なかなか決められない。いっそのこと全てのメニューを頼んだらどうかとマークがからかった。自分でメニューを選択するということ自体が三〇年ぶりなのだ。久々にビールで乾杯といきたいところだったが、私たちのテーブルを見渡すとレイエス、ギャビ、マーク、ダグと全員が元薬物依存者だ。一杯のアルコールが問題の引き金になりかねないことを誰もがよく認識していたから、誰も酒を注文しないし、すすめなかった。私たちはソーダ水で乾杯をした。

レイエスは実によくしゃべった。ギャビと舎房が同じだった頃のこと。釈放の知らせを受け取ってから一週間もなかったこと。しかも、出所日を聞いたのが前日だったから挨拶回りで大忙しだったこと。国境の回転ドアをくぐった時、マークの姿が目に飛び込んできて全ての不安が吹っ飛んだこと。ティワナは何もかもが目新しくて刺激的で目が回りそうなこと。マークがビーチに連れていってくれたこと。父親との再会は最初で最後だろうということ。運転免許がない母親は、誰かに付き添ってもらわないと会いに来られないこと。にもかかわらず、ティワナ市内にアパートを見つけて、借りてくれたこと。母親は叔父や教会の友人らの協力を得て、彼の新しい生活のために奔走してくれていること……。釈放された喜びからというよりも、様々な不安を打ち消すかのように、とにかくしゃべり続けているという感じだった。

翌日、レイエスは新しい住居に移動した。小さな町工場や倉庫がひしめきあう工業地帯に彼のアパートはあった。二階のベランダからは、国境の壁が見える。周りにはコンビニや教会、バス停などがあって便は良さそうだったが、治安はあまり良くないと聞いていた。家具類や電化製品が、叔父やギャビによってあらかじめ運びこまれていた。全て母親と叔父が調達したものだった。釈放が判明してから一週間余りでアパートを探し、契約し、家財を調達するというのは大変だったと思う。しかも異国でだ。ライファーズのような長期受刑者は、家族関係が断ち切れている場合が多く、釈放後にこうした手厚い支援を得られる者は少ない。だからこそ、ビスタやアミスタッドのような社会復帰施設が意味を持つのだ。ティワナには残念ながらTCは存在しない。レイエスはギャビや叔父らに礼を言い、自分は恵まれている、と何度も噛み締めるように言った。

数日後、一番気になっていることは何かと彼に聞いた。間髪を入れずに「ドノバンの仲間」と言った。

仲間はあそこで一生を終えるかもしれない。出られるとしてもあと十年、二〇年、その倍かかるかもしれない。別れを告げながら、皆のことが無性に心配になった。俺だけが刑務所と断ち切れて出ていく……。出所するとき、ものすごく哀しかった。誤解しないでほしいんだけど、刑務所が恋しいと言ってるんじゃないよ。皆を残して自分だけ出ていくのが哀しくて、たまらなく申し訳ないと思ったんだ。三〇年そこに居たんだ。刑務所と断ち切れるといっても、簡単じゃない。申し訳なさとか、焦りとか……。今が正念場というか……、こういう時期こそ危ないんだ。俺の家族を〔刑務所に〕置き去りにして、俺はどうすりゃいいんだって。アミティは仲間であり、先生であり、家族なんだ。他のヤードのライファーズにも世話になった。皆に支えられて今まで生きてきた。いいことも悪いことも皆でなんとかくぐり抜けてきた。そんなホームと切り離されて、新しい外の世界で一から始めなくてはならないんだ……。

出所が哀しい？　思いもよらぬ答えだった。私は大きな思い違いをしていたことに気がついた。釈放されたレイエスは、扉を開け、前（未来）を向き、仕事や新しい生活への不安に駆られているのだと思い込んでいた。ところが、彼の気持ちは刑務所（過去）の方に向いていたのだ。というよりも、心は未だに扉の中にあった。

数年前、レイエスから「刑務所がホームだ」と言われたことを思い出していた。ライファーズのような長期被収容者にとって、刑務所は刑罰であると同時に彼らの現実世界でもある。そして、アミティのレジデントらの多くが、外の社会で得られなかったサンクチュアリを刑務所で初めて獲得している。刑務所から突然断ち切られるというのは、本人にとっては、サンクチュアリやアイデンティティの喪失、場合によっては剥奪と感じることさえあるかもしれない。レイエスの場合も、刑務所を去ると表現するのではなく、関係性が断ち切れる、切り離されるという意味の disconnect という単語を繰り返し使った。

しかも、釈放に関しては、後ろめたささえ感じていることがわかった。他のライファーズを差し置いて、自分だけが外の世界で新しい生活をスタートしようとしているという罪悪感、すなわちサバイバーズ・ギルトを抱いていると感じた。サバイバーズ・ギルトは、事件の被害者遺族や病死した患者の遺族特有の傾向だと思っていたが、受刑者の立場でも、また、釈放という前向きな状況であっても、同じような罪悪感を抱くことがあるのだと、この時私は初めて理解した。

「番号を脱ぎ捨てるのは簡単なことじゃない。」あるとき、彼はこんなことも言った。三〇年間、彼は受刑者番号のC16653だったのだ。刑務所が身体化されてしまっている。だから、将来に不安を抱く以前に、自分自身の大きな部分を占める刑務所との別れがまだ終わっていなかったのだと思う。さらにレイエスは、親族や友人のいる米国からも引き離されていた。ケルビンの場合は、釈放後、馴染みの顔も多い社会復帰施設に身を寄せることができたが、レイエスにはその機会が与えられなかった。また、レイエスはケルビンの倍近く、刑務所で暮らしていたから帰属感も強かったかもしれない。ライファーズのとりまとめ役でもあったから、責任感の強さも影響しているように思う。しばらく時間がかかりそうだと思った。

日本でも、無期刑が終身刑化している。服役中に死亡する人も多く、また、釈放された受刑者の平均刑期は三五年を越えている。しかし、その事実は正しく報道されないし、そのため多くの人は、無期刑は数年で釈放されると思い込み、「無期懲役は甘い」という。まずは、無期刑を含む受刑者全般を対象に、刑務所から社会への移行期独特の困難さやそれ以降の実態を段階的に調査し、ニーズを見極め、支援するしくみを包括的に作っていく必要がある。そうでなければ、再犯や受刑者をめぐる諸問題を解決することはできない。

新しいホームを求めて

そもそもレイエスが「二六年から終身刑」に科せられたのは、リチャードという一人の人間の命を奪ったからだった。彼は、刑務所内TCを通して、長い時間をかけ、その罪と向きあってきたことは明らかだが、釈放後はどうなるのだろう。

私が取材してきた他の道標たちは、釈放後も、各々の方法で罪と向きあってきた。たとえば第六章と七章に登場したチャールズの場合は、釈放後、遺族の元に足を運び、直接謝罪を行っている。遺族から赦しを得た彼は、故郷に身を置き、自分が壊してきたコミュニティを変えることに力を注いできた。第七章から九章にかけて登場するケルビンもまた、故郷であるゲットーに戻り、自らの家庭に、アミスタッドの中に、コンプトンに、サンクチュアリを作ろうとしてきた。第九章を中心に登場したジミーの場合は、あえて刑務所という場のなかに身を置き、暴力的な価値観を塀の中から変える営みに、罪の償いを見いだし、新しい家族との関係を構築した。第十章では、兄弟や母親の面倒を見つつ、プログラムのマネージメントという大変な役割を担ってきたレジーナ、ニューメキシコ州の母子プロジェクトを運営することで罪と向きあい続けているシャナを紹介した。これらは私の目に映った彼女たちの試みのほんの一部だが、彼／彼女たちは、刑期を終えた後も、罪と向きあう旅を続けているように見える。

レイエスの場合はどうだろう。遺族との接触が許可されず、しかも故郷から切り離され、アミティのプログラムも存在しない異郷のなかで、いかにして罪と向きあおうとしているのだろう。一週間程度の短い訪問では、率直に言って、わからないだろうと思った。

しかし、それから半年経っても、一年経っても、レイエスの状況はあまり変わっていないようだった。ティワナでは思うように仕事を見つけられず、展望も見えないという、不満と焦りの入り交じったメールが時折届いた。親族や友人のギャビを頼るにも限界がきていたのだろう。一時は、海を越えた私のところにまで、お金を貸してほしいというメールが届いて焦ったものだった。

あるとき、ナヤやロッドの勧めで、彼らの友人が運営するアルゼンチンのTCにしばらく「留学」することにしたという連絡があった。アルゼンチンには古くからTCがあり、薬物依存をはじめとする諸問題に対しての対応策として根付いている。一方、メキシコではTCが存在しているのかもわからなかった。一人では始められない。資金も人脈もない。留学後はどうすればいいのかと、レイエスは日々自問自答していたという。

そんなある日、メキシコ国内で薬物依存者を対象にしたTCを運営しているという男性から連絡があった。ホルヘ・サンチェス・フェルナンデスという元精神科医だった。彼は論文や学会発表などを通してアミティのアプローチに深い関心を持ち、レイエスの噂を耳にして連絡をとってきたのだった。そして、自分が運営するTCに来てみないかとレイエスを誘った。レイエスは、メキシコにTCが存在したという事実に、興奮した。しばらくして、ホルヘが運営する「カサ・ヌエバ（新しい家）」という社会復帰施設を訪問した。そして、そこに留まる決意をしたのだった。

メキシコのベラクルス州、ハラパ。

二〇一一年六月、釈放から二年近く経ったある日、私は再びレイエスを訪ねた。メキシコ中部、メキシコ湾沿いの海辺の都市ベラクルスに飛行機は降り立った。タラップをおりながら、湿気を帯びた暑さを肌で感じ、南国に来たことを改めて実感する。出迎えでごったがえす出口のところで、レイエスが顔いっぱいに笑みを浮かべて立っていた。日焼けして、すっかり地元の人という雰囲気を漂わせていた。カサ・ヌエバの代表やレジデントたちも出迎えに来て歓迎してくれた。

空港から車で一時間半余り。町というよりも、村といったほうがしっくりくる素朴な土地だった。中心街を少し離れると、舗装されていないあぜ道が続き、野菜畑が広がる。支え合うようにして建っているバラック小屋、リヤカーをひいて駄菓子や果物を売る人々、砂埃のなかを駆け回る子どもたち……。レイエスが働くカサ・ヌエバは小高い丘の上にあった。

緑溢れる広大な土地、瀟洒で暖かみのある建物、大木と鳥のさえずり、町を一望できる高台、フレンドリーなスタッフ、様々な困難を抱え依存症を乗り越えようとしている参加者たち。創設者のホルヘが医者であることもあり、ここでは医療的なモデルをベースにしていることからアミティのやり方とは異なるところも多いようだった。それでも、両者に共通する人間的な眼差しを即座に感じとり、ここでなら自分の体験も生かせるのではないかと直感的に思ったという。

この日はカサ・ヌエバの九年目の祝賀パーティーで、大勢、人が集まっていた。卒業生、現在住み込みでプログラムを受けている二十数名の参加者、家族、スタッフ、支援者……。一〇〇名を軽く超える人々を、レイエスは次から次へと私に紹介する。誰が誰だか、何が何だかわからないまま、慌ただしく時間が過ぎ去った。ただ一つ実感したのは、レイエスがすっかりカサ・ヌエバの一員になっていたことだった。

その翌日、レイエスは、ビシッとした紺色のスーツに身をかため、私が宿泊するホテルまで車で出迎えにきてくれた。中古の自家用車で、ローンを組んで購入したものだった。六〇歳にして、まともに働いて自分で買った初めての品物だと嬉しそうに言った。「でも、支払い終わるまで、生きてられるかなあ」と言い、私たちは笑った。

この日、ハラパ大学でシンポジウムが開かれることになっていた。テーマは「メキシコにおけるTCと刑務所」。二〇〇人程度を収容できる大講義室が、シンポジウムの会場としてすでに準備されており、パネリストの名札が机の上に配置されていた。「レイエス・ホセ・オロスコ」と印刷された名札が目に飛び込んできた。実は彼も、大学教授や精神科医などと並んでパネリストの一人に選ばれていたのだった。

六人のパネリストが勢揃いし、そのなかにレイエスも座った。全く見劣りがしなかった。むしろ他のパネリストよりも、人間としての深みや貫禄を感じさせられる。目の前の彼からは、かつて薬物の問題を抱え、人を殺し、多くの人々を傷つけていたことや、三〇年もの間刑務所に収容され、C16653と番号で呼ばれていたことなど一切感じられなかった。人はこんなにも変わることができる。私は圧倒されていた。

会場はほぼ満席になった。司会者はパネリストの名前とプロフィールを一人一人紹介した。「レイエス・ホセ・オロスコさん。元終身刑受刑者です。刑務所内TCで長年スタッフをつとめ、現在はカサ・ヌエバのカウンセラーとして活躍されています。」

レイエスはマイクを握り、会場をぐるりと見渡しながら語り始めた。

私の旅は、今から十五年余り前に始まりました。三〇年余り前に殺人を犯し、刑務所に服役している最中に全てが始まりました。私だけではなく、仲間の受刑者たちにも同じようなことが起こりました。たとえば、泣くという行為。私は、何十年も涙を流していませんでした。十歳の時に性暴力にあいましたが、恐らく、その頃から泣くのをやめてしまったのだと思います。何十年もたってから最初に泣いたのは、ある映画を見て、話し合うというプログラムが終わった後でした。今でもよく覚えています。アミティの女性スタッフ、デニス・サッスーンの前でした。彼女もまた元薬物依存者で、元受刑者です。結局、私は一年間に渡って、来る日も来る日も泣き続けました。彼女はレズビアンでした。最初は私自身、彼女のことを受け入れられませんでした。それは私自身の偏見のせいです。しかし、彼女は辛抱強く私につきあってくれ、仲間と共に、私が偏見に気付き、変わるように働きかけてくれました。同性愛、トランスジェンダー、黒人、白人、黄色人種、金持ち、貧乏人、病の有無など、自分と異なる背景やストーリーを持っていたとしても、それぞれのストーリーに意味があり、お互いから学ぶことがあるのだということを、そして暴力に頼らなくても生きていけるということを、私はそこで学びました。

彼の語りは堂々としていた。与えられた十五分という時間内では収まりきらず、司会から終わるように促されたときにはすでに三倍の時間が経過していた。「まだ二分ぐらいしか話していなくて、あと十三分をどうやって埋めようかと悩んでいたところなので、安心しました」と彼は言い、会場にはドッと笑いが起こった。そして、次のように締めくくった。

私の新しいホームであるカサ・ヌエバにも、薬物や暴力の問題で苦しんでいる仲間たちがいます。刑務所の出入りを繰り返してきている人も少なくありません。ただし、彼らは氷山の一角です。まだ働き始めて数ヶ月にしかなりませんが、この短い期間でも、様々な変化が見られます。私は決意したのです。メキシコの刑務所内にTCを作ることを。人々が互いに敬意を払い、それぞれのストーリーから学びあい、成長しあうTCの文化を自分の足下に根付かせていくことを。TCがこの社会における選択肢の一つになるまで、諦めずに関わっていこうと決めたのです。ご拝聴ありがとうございました。

彼は、明らかに自分の進むべき道を見つけていた。釈放後二年という決して長くはない時間のなかで、しかも見知らぬ土地で、多くの人々と出会い、信頼関係を育み、新しいホームと呼べる場を獲得していたのだった。イベント終了後、かつてのホーム（刑務所）について聞いてみると、自らの胸のあたりをポンポンと手で軽く叩き、今でも仲間は自分の心のなかに存在していると言った。オゼルなら、こんな時どう言うだろう。ダレルなら、ジョニーなら、どうするだろう。そんな対話を、時折、自分の内でするのだという。しかし、心を刑務所に置き去りにしていた二年前の状態からは、すっかり抜け出たようだった。彼は、刑務所の仲間と育んだ関係を、犯罪学者のハリー・ウェクスラーがいうところの「ライフライン」として生かしているように見えた。この場合のライフラインとは、刑務所のなかで学んだ本音で語りあうという手法や、仲間同士で支えあうなかで育んできた絆を、外の社会に出てからも、それぞれの場で生かし、新たなコミュニティを構築していくことを意味している。(3) レイエスのように、強制送還ですべてのサポートから切り離されてしまった者にとっては、バーチャルな、想像上のライフラインだが、それでもしっかり機能しているようだった。

シンポジウムの質疑応答では、心理学者、精神科医、セラピスト、カウンセラー、ソーシャルワーカー、犯罪学者、矯正関係者ら専門家が闊達に意見を述べた。アミティのアプローチは興味深いが、メキシコには独自の矯正観や対応策がある。米国とは問題の質や種類が違う。当事者中心という発想自体がない。メキシコではTCのニーズもないし無理だろう。日本でも以前聞いたことがある内容だった。

アミティが一九八〇年代に拘置所でプログラムを始めた頃も、こんな感じだったのかもしれないと思った。未知のものに対して強い反発や抵抗はつきものだ。こうした壁を前にして、いかにねばり強くコミュニケーションをとれるかが問われているのだろう。日本でも、アミティを取材した私が作った最初のテレビ番組が放映されてから十数年たって、TCがようやく一つの刑務所に導入された。メキシコでも今そのプロセスが始まろうとしている。私はその大切な一つの瞬間に立ち合っているような気がした。数年前まで「社会への脅威」と言われ、番号で呼ばれていたレイエスが、今、その出発点に立っている。彼はどんな道を切り開いていくのだろう。その過程にはどんな出会いが待っているのだろう。淡々と受け答えをするレイエスを見ながら、彼ならそう遠くない将来、目的地に到達するだろう、私はそう確信した。

刑罰を超えて

アリス・ミラーによる一冊の本からスタートした旅は、私をアミティというTCに誘い、暴力やそこからの解放をめぐる、様々な出会いや気づきをもたらしてくれた。彼／彼女らは、私が素通りしていた場所に立ち戻らせ、そこで何が実際に起こっていたのかを、そして、いかに現在に行き着いたのかを体現してくれた。そして、これから進むべき道に光をあて、いくつかのルートを指し示してくれた。そして何より、人はどんなに酷い人生を歩んできたとしても変わることができる、それぞれのストーリーが安全なコミュニティを形成する、ということを様々な形で体現してくれた。

しかし、現実は逆行している。米国では、膨大に膨れあがった矯正予算が問題視され、連邦政府は州政府に予算削減を求めるようになった。真っ先に削減対象となったのが教育プログラムやTCだった。二〇〇九年、カリフォルニア州内の七つの刑務所でプログラムを運営していたアミティは、全てのプログラムの閉鎖に追い込まれた。最近になって女性刑務所のプロジェクトが新しく始まり、一つ、二つと規模を縮小して短期間契約で再開されてはいるが、不安定な状況だ。アミスタッドも予算削減の波をもろにかぶり、レジデントの滞在期間が縮小傾向にあるという。また二〇一一年には、連邦最高裁がカリフォルニア州が矯正施設の収容制限を大幅に超えていることを問題とし、他州へ受刑者を移送することと同時に、二年内に、受刑者数を最低でも三万四〇〇〇人削減することを命じた。(4) その結果、毎月数千単位で受刑者が早期釈放されている。教育プログラムやTCがなくなり、早期に釈放されるという構図が望ましくないことは誰の目にも明らかだ。

日本ではどうか。テレビをつければタレントやレポーターらが殺人事件の遺族に同情の表情を浮かべ、加害者には一様に「死刑で当然」と断言し、最新鋭の刑務所には「贅沢だ」と憤慨してみせる。私たちが暮らす場は防犯カメラで包囲され、学校では携帯会社と警備会社主催の安全教室が授業の一環として開催され、子どもたちは防犯ベルを持ち、親たちはメールで届く不審者情報に右往左往し、自衛に駆り立てられる。「原発は安全である」という神話を、私たちの多くが疑わずにきたように、「社会は危険である」という神話を、私たちの社会は強固に信じ込んでいる。そしてそれは、犯罪者やその家族の社会的排除と、メディアや世間が思い描く被害者像への耽溺というブラックホールへと、私たち自身を迷いこませているかのようだ。

近年の日本は、米国が厳罰化や社会的排除の傾向を強めた一九八〇年代から九〇年代の状況と、いろいろな意味で重なる。さすがに米国のような刑務所建設ラッシュは起こらないとは思うが、刑務所の過剰収容、刑の長期化、死刑囚や無期刑囚の増加、被害者の裁判への直接参加など、ひところの米国に酷似してはいないか。

裁判員制度も始まった。市民が直接司法に関わるという点では意味があると思うが、その制度が始まったのは、厳罰化の真っ只中であり、対象が死刑や無期懲役を含む重罪のみであることも意識しておかねばならない。そして今のところ、社会の関心は、有罪・無罪や量刑には向けられるが、その後の処遇にはなかなか向かない。そもそも対立的な法廷の場で、明らかにできることには限りがあるということを、私たちは留意すべきだ。

本書で描いてきたように、加害者がなぜ罪を犯すに至ったかについて思い起こし、受け止めることができるようになるまでには、何ヶ月も、何年もの時間がかかる。そして、本当の意味で罪に向きあえるようになるまでには、さらなる時間を要する。もちろん、時間の問題だけでは決してない。社会から隔離され、刑務所で仕事をすれば罪の意識が自然に湧いてくるわけではない。罪に向きあうことを一人で行うことも不可能だ。ましてや死刑にしてしまえば、一体何が起こったのかという真実を知りうる機会を、被害者遺族も、私たち社会も失ってしまう。限りなく絶対終身刑化している日米両国の無期刑についても同様だ。判決を下した後、刑務所という場で、何が行われているか、何が行われていないのか、何が行われるべきなのか、私たちはもっと注目していい。さらに踏み込んだ問いも必要だ。そもそも刑罰とは何か？　刑罰という方法が本当に正しいのか、刑罰にはどのような効果があり、どのような副作用があるのか。別の道はないのか。刑務所という場以外にこの社会にはどのような選択肢が存在しているのか……。

TCや修復的司法、[5] 薬物裁判所や社会内処遇、[6] 社会福祉的な措置やアートプログラム、[7] それらの緩やかな連携……。犯罪や暴力への対応は、個に閉じられていくのではなく、社会とのつながりを意識し、新しい関係性を構築する、もっと多様で柔軟な発想やアプローチがあってもいいのではないかと思う。海外における様々な更生プログラムについての研究が行われ、国内でも少しずつ民間による取組みが始まっているから、制度側が視点を広げてその気になれば、いくらだって状況を変えることはできるはずだ。

精神科医で、刑務所における臨床や研究で知られるジェームズ・ギリガンは、刑事司法による深刻な「誤解」を指摘している。その誤解とは、刑罰が暴力を封じ、予防しているという認識だ。実際には、刑罰は、屈辱感や恥の意識を増幅させ、罪の意識を薄めてしまう。彼の研究からわかったことは、刑罰こそが暴力を生み出す要因だということだ。[8] それは、米国における再犯率の高さや、レイエスやチャールズをはじめとするライファーズが、アミティに出会うまでは逮捕と拘禁を繰り返していたことからも判るだろう。とすれば、厳罰化は明らかに逆効果だ。

英語で atonement という言葉がある。宗教的な意味で、和解や贖罪を指し示す言葉だが、心理学者で神経科学者のダイアン・H・パウエルは、次のように再定義する。

贖罪（atonement）には深い、隠された語源がある。at-one-ment の ment は心の状態を表すから、一つになる（at-one）、平和になる（at-peace）心の状態を意味している。贖罪のプロセスは、私たちを再び一つに、全人格に統合しうる。言い換えると、私たちが恥、罪悪感、怒り、痛みを感じる時、私たちは自らと、他者と、私たちが神だと信ずる者との間で折り合いをつける必要がある。悪事が引き起こされた後に、贖罪は、私たちを神もしくは神聖なるものから私たちを引き離している幕を、引きあげる（そして両者を対面させる）ことができる。無神論者だとしても、他者や人生そのものとの和解から利を得るだろう。(9)

さらにパウエルは、贖罪には、相手に赦されるかどうかを抜きにして赦しを乞うことと、反省の気持ちを何らかの形で表現することの両方が不可欠であることや、贖罪によって、良心の、より高いレベルに到達することが可能になると付け加えている。(10) パウエルの言う贖罪は、アミティの試みと重なって見える。

語りを通して他者と出会い、真実と向きあうことによって自らの過去と被害者への行為に折り合いをつけていく。時間をかけて反省の気持ちを促し、それを個別具体的に表現させる。赦されるか否かに関係なく、被害者や遺族に赦しを乞うことは、アミティのプログラムに含まれているのだと思う。ただし、人間の力だけで成し得るのは難しい。だから、時にはハイヤーパワー（信仰や人間を超えた存在、サンクチュアリ、セレモニー、祈りなど）の力を借りる。そうして平穏を取り戻し、被害者性も加害者性も、過去も現在も、全てを受け止め、丸ごとの存在として統合されていく。それは今までと異なる未来を築くことにつながる。ただ、このようなプロセスを経たとしても、罪が帳消しになったり、事件の前の状態に戻るわけではない。刑期を終えた後も、自らの体験を使ってそれぞれの足下から、小さな変革を起こしていく。それは、より人間的な成長を促し、パウエルが言うところの、良心のより高いレベルへの到達を意味するのだと思う。

暴力から自由になるための「番号から名前への旅」。

その発想やアプローチは、刑罰を超えた、まだ見ぬ場所に旅人を誘ってくれるに違いない。ただし、その道を選ぶか選ばないか、そしてそれをどう生かすかは、私たち旅人一人一人の選択にかかっている。

註

第一章　出発点

（1）Jones, Maxwell, *Beyond the Therapeutic Community: Social Learning and Social Psychiatry*, Yale University Press, 1968, p. x.

（2）一九九八年十月放映、NHK BS1の日曜スペシャルで放映された『隠された過去への叫び——米・犯罪更生施設からの報告』を指す。筆者の坂上香が企画・演出・編集を担当。

（3）監督・プロデューサー・編集：坂上香『Lifers ライファーズ　終身刑を超えて』製作：out of frame、協力：ライファーズ映画支援プロジェクト、二〇〇四年。

（4）Graham, W.F., Wexler, H.K., "The Amity Therapeutic Community Program at Donovan Prison: Program Description and Approach." p. 73. Edited by De Leon, G., *Community as Method: Therapeutic Communities for Special Populations and Special Settings*, Praeger, 1997.

（5）ベティ・フレイズマンはその後アミティを離れ、弁護士になった。

（6）「アミティを学ぶ会」は二〇〇八年から「特定非営利活動法人 out of frame」に変更。http://outofframe.org. 二〇一一年から二〇一三年までの活動については、アミティを学ぶ会編『セラピューティックコミュニティ　Therapeutic Community～回復をめざし共に生きる～』、かりん舎、二〇〇四年に詳しい。

(7) 坂上香「人をつなぐ〈しかけ〉としての協働的表現：その拠点としての大学の可能性を探る」津田塾大学ソーシャル・メディア・センター編『つながるための〈しくみ〉をいかに作るか？——協働的表現の実践とその可能性をめぐって』、津田塾大学ソーシャル・メディア・センター、二〇一二年、八—二〇頁。

第二章　ツーソン

(1) アリス・ミラー『沈黙の壁を打ち砕く——子どもの魂を殺さないために』山下公子訳、新曜社、一九九四年、一〇五頁。

(2) 近年は行政予算の大幅減少により、規模が縮小した。ツーソンのプログラムではネイティブアメリカンのコミュニティや個人レベルの参加が顕著だ。資金源や運営資金は施設によって大幅に異なるが、例えば刑務所や釈放後のアフターケア施設等は矯正局に全面的に依存している。

(3) アリス・ミラー『魂の殺人——親は子どもに何をしたか』山下公子訳、新曜社、一九八三年。

(4) 一九九六年八月放映、NHK BS2のBS特集で放映された『閉ざされた魂の叫び——アリス・ミラーが解く子ども時代』を指す。筆者が企画・演出・編集を担当。

(5) 日本では、TCは「治療共同体」や「回復共同体」と訳されている。ある考え方や手法を使って、同種の問題もしくは症状を抱える人たちの回復を援助する場のことで、多くの場合、同じ問題や症状を共有する人々が語り合うことを通して互いに援助しあう、自助グループのスタイルをとる。

(6) Yablonsky, Lewis, *Juvenile Delinquency: Into the 21st Century*, Wadsworth Publishing, 2000, p. 533.

(7) *ibid.*, p. 533.

(8) 坂上香「被害と加害の連鎖を断ち切るために——治療共同体「アミティ」の試みから」、藤森和美編『被害者のトラウマとその支援』誠信書房、二〇〇一年、一二九頁。

(9) Yablonsky, *ibid.*, p. 537.

第三章　サンディエゴ

（1）二〇〇八年十二月八日にサンディエゴのR・J・ドノバン刑務所で行われたクリスマス会でのスピーチ。

（2）Wacquant, Loic., "The Curious Eclipse of Prison Ethnography in the Age of Mass Incarceration", *Ethnography*, Sage Publications, 2002, 3(4), p. 381.

（3）The Pew Center on the States, *Prison Count 2010*, April 2010. www.pewcenteronthestates.org. 二〇〇九年度は多少減少したが、それでもカリフォルニア州の受刑者人口は十七万人弱だった。

（4）Wacquant, *ibid.*, pp. 371–397.

（5）ここでいうゲットーとは、人種的マイノリティによって構成された町のある地区を指す。そこでは、マイノリティが多数派であり、貧困、高い失業率、犯罪等の特徴が見られる。Warf, Barney, *Ghetto*, *Encyclopedia of Human Geography*, SAGE Publications, 2006.

（6）坂上香「ポスト・ファーマン時代のアメリカ合衆国における死刑の減少および死刑をめぐるメディア表象の変容——一九九〇年代以降の「冤罪フレーム」に注目して」『津田塾大学紀要』（四二）、二〇一〇年、一六五—一九六頁。

（7）Arbiter, Naya., "Juan Alvarez Chavira: He Became a Good Man because of Friendship", Arbiter, Naya & Mendez, Fernando, *Number to Name*, 2000, pp. 110–112.

（8）Arbiter, *ibid.*, p. 116.

（9）Arbiter, *ibid.*, pp. 106–109.

（10）Graham, Wendy F., and Wexler, Harry K., "The Amity Therapeutic Community Program at Donovan Prison: Program Description and Approach." Edited by De Leon, George, *Community as Method: Therapeutic Communities for Special Populations and Special Settings*, Praeger, 1997. 矯正局内の「依存症および回復サービス課」管轄の、刑務所内依存症プログラム（In-Prison Substance Abuse Programs）としてTCプログラムが運営されている。開始から二〇年後の二〇〇九年にはカリフォルニアの二一の刑務所で四四のTCプログラムが運営され、一万二〇〇〇

人の受刑者が参加するまでに発展した。California Department of Corrections and Rehabilitaion Division of Addiction and Recovery Services, *Adult Programs Annual Report*, June 2009, p. 30.

（11） Graham, *ibid.*, p. 85.

（12） 一九九八年、ＮＨＫ ＢＳ1の日曜スペシャルで放映された『隠された過去への叫び――米・犯罪更生施設からの報告』。筆者が企画・演出・編集を担当。

第四章　オータイメサ

（1） Arbiter, Naya & Mendez, Fernando, *Number to Name*, Extensions, 2000, p. 85.

（2） Liptak, Adam, To More Inmates, Life Term Means Dying Behind Bars, *New York Times*, Oct 2, 2005. カリフォルニア州の場合、仮釈放の審議が二段階方式になっている。審議委員の決定は事実上の推薦に留まり、実際に釈放するか否かは州知事が決定する。この方式になったのは一九八八年以降のことだ。法案八九（「無期刑受刑者の仮釈放に関する州知事による権限」）の住民投票によって、州知事が承認、変更、却下の権限を持つようになったのである。加えて、被害者影響陳述が行われるようになった。被害者本人、もしくは遺族等の被害者の家族が審議会に参加し、委員会が決断を下す直前に、十五分以内の陳述を行うことが権利として認められるようになったのである。撮影当時のデイビス知事は「殺人者を釈放するなんてありえない」と公言し、審議結果のほとんど（年によっては全て）を覆し、ライファーズの仮釈放が激減したのだった。

（3） アミティのワークブック *Pew Notebook for the Amity Curriculum*, Extentions, 1995, pp. 70-71 より部分抜粋。

（4） 坂上香「コミュニティ・オブ・チョイス――犯罪者の更生施設から見た家族問題とオルターナティブ」『現代思想』第三二巻第十号、青土社、二〇〇四年、一一六―一二三頁。

（5） 坂上香「ＮＨＫ・歪められた「改編」の真実（上）」『放送レポート』一七四号、二〇〇二年、メディアの危機を訴える市民ネットワーク編集『番組はなぜ改ざんされたか――「ＮＨＫ・ＥＴＶ事件」の深層』、一葉社、二〇〇六年、他関連書多数。

(6) 裁判における証言は、次に詳しい。「戦争と女性への暴力」日本ネットワーク・NHK番組改変裁判弁護団編『女性国際戦犯法廷――NHK番組改変裁判記録集』、日本評論社、二〇一〇年。

第五章　サンイシドロ

(1) アーサー・W・フランク『傷ついた物語の語り手――身体・病い・倫理』鈴木智之訳、ゆみる出版、二〇〇二年、四頁。

(2) Weisberg, Robert, & Mukamal, Debbie A., & Segall, Jordan D., *Life in Limbo: An Examination of Parole Release for Prisoners Serving Life Sentences with the Possibility of Parole in California*, Stanford Criminal Justice Center, Stanford Law School, p. 5.

(3) 男性と性暴力の被害・加害については、次に詳しい。リチャード・B・ガートナー『少年への性的虐待――男性被害者の心的外傷と精神分析治療』宮地尚子他訳、作品社、二〇〇五年、宮地尚子「男児への性的虐待――気づきとケア」『小児の精神と神経』第四六巻第一号、二〇〇六年。

(4) ガートナー、前掲書、三一頁。

第六章　サウス・セントラル

(1) Martone, Cyntia, *Loving Through Bars: Chidren with Parents in Prison*. Santa Monica Press, 2005, p. 15.

(2) ここでいうゲットーとは、人種的マイノリティもしくは宗教に基づいたマイノリティによって構成された町のある地区を指す。そこでは、マイノリティが多数派であり、貧困、高い失業率、犯罪等の特徴が見られる。Warf, Barney, *Ghetto, Encyclopedia of Human Geography*, SAGE Publications, 2006.

(3) ジグムント・バウマン『コミュニティ――安全と自由の戦場』奥井智之訳、筑摩書房、二〇〇八年、一六六頁。

（4） Martone, *ibid.*, pp. 15.
（5） Greene, Susan, *Children's Visits, Encyclopeida of Prisons & Correctional Facilities*, SAGE Publications, 2004.
（6） Mauer, Marc & Schirmer, Sarah & Nellis, Ashley, *Incarcerated Parents and Their Children: Trends 1991–2007*, The Sentencing Project, February 2009, p. 2.
（7） Beck, Elizabeth, & Britto, Sarah, & Andrews, Arlene, *In the Shadow of Death: Restorative Justice and Death Row Families*, Oxford University Press, 2007.
（8） Johnston, Denise. *Parent-Child Visitation in the Jail or Prison, Children of Incarcerated Parents*, edited by Gabel, Katherine & Johnston, Denise, Lexington Books, 1995, pp. 136–138.
（9） *Ibid.*

第七章　コンプトン

（1） 二〇一一年二月、大阪西成区の釜ヶ崎にあるコミュニティ・メディア団体の「カマン・メディア・センター」で、「修復的司法とアート」のワークショップを行った。カマンでは事前に「修復的司法」についての勉強会を行っており、通りがかりの人から「修復的司法って何やねん？」と聞かれた際に、参加者の一人である常連の労働者がこのように答えた。
（2） Goodstein, Lynne, Inmate Adjustment to Prison and the Transition to Community Life. *Journal of Research in Crime and Delinquency.* Sage Publications, 1979, pp. 246–272.
（3） たとえば、受刑者、その家族や関係者に対する支援自体が日本では少ないが、それでも依存症者の回復施設、被害者と加害者の対話支援団体、家族へのサポートを行うＮＰＯ、暴力の被害者や加害者向けの表現系プログラム等は既に存在している。そのような社会的資源を紹介する場所としては、関係者が集う矯正施設内の面会待ち合わせ室や裁判所などが考えられるが、大抵は「ビラやポスターは禁止」という張り紙がはってあり、つながる機会が断たれている。

（4）修復的司法には一義的な定義が存在せず、呼称や訳語も統一されていない。たとえば restorative justice の和訳は、訳者の専門領域や関心事によって異なる。司法関係では「修復的司法」、教育・社会学の領域では、「修復的正義」と訳されることが多い。被害が深刻な場合、「修復」自体が可能なのかという問い等から、「恢復（回復）的司法（正義）」と訳されたり、「リストラティブ・ジャスティス」や「RJ」とそのまま記される場合もある。対話の要素に焦点をあて、修復的対話という訳も存在する。呼称自体も様々で、他国では教育やアートの現場、職場や家庭でも利用されているから、justice を他の言葉に置き換え（practice 実践、process 過程、approach 方法、measure 対応等）、restorative と組み合わせて使うこともある。国家レベルや社会規模の変容可能性に焦点をあてる場合は、transformative や transitional に置き換えられる。坂上香「「司法」を超える修復的司法の挑戦——教育とアートの現場から」『自由と正義』六一巻九号、二〇一〇年、九—一五頁を参照のこと。

（5）Zehr, Howard, The Call of Restorative Justice: Tapping & Sustaining the Moral Energy. *Restorative Justice Conference*, Fresno Pacific University, 2/13–14/09 での報告。

（6）高橋則夫『対話による犯罪解決　修復的司法の展開』、成文堂、二〇〇七年に詳しい。

（7）一九九九年、NHK BS1の日曜スペシャルで放映された『少年が被害者と向き合うとき——米・更生への新たな取り組み』を指す。筆者が企画・演出・編集を担当。

（8）二〇〇六年三月十六日付の『東京新聞』の一面によると、最高裁司法研修所が市民と裁判官を対象におこなった調査で、殺人事件の量刑に関して「殺人事件の被告が少年ならば、成人よりも刑を重くすべきだ」と答えた市民が二五・四パーセントで、裁判官は皆無だった。

第八章　ランカスター

（1）Davis, Angela Y., *Are Prisons Absolete?* An Open Media Book. Seven Stories Press. 2003, p. 108.

（2）ドキュメンタリー映画『Long Night's Journey into Day』は二〇〇〇年にアカデミー賞の最優秀長編ドキ

ュメンタリー部門にノミネートされた。Frances Reid と Deborah Hoffmann の二人が監督をつとめた。California Newsreel 配給、九四分。

第九章　ワッツ

（1）Gilligan, James, Shame, Guilt, and Violence, *Social Research*, 70(4), 2003, pp. 1149–1178.
（2）歌代正「異床同夢——同じ夢を追う仲間として　島根あさひ社会復帰促進センターでの官民協働の取組」『刑政』一二〇、二〇〇九年、四六—五七頁。
（3）Bloomekatz, Ari B., and Garrison, Jessica, L.A. Oficials Envision Revitalization for Jordan Downs Housing Project in Watts, *Los Angeles Times,* Feb.28, 2009, http://articles.latimes.com/2009/feb/28/local/me-jordandowns28

第十章　ロス・ルナス

（1）「学ぶことをたたえる」の一部抜粋。ベルトルト・ブレヒト『世界現代詩文庫三十一　ブレヒト詩集』野村修訳、土曜美術社出版販売、四二頁。
（2）Yablonsky, Lewis, *The Therapeutic Community: A Successful Approach for Treating Substance Abusers*. Gardner Press., Inc., pp. 42–43.
（3）ACLU, *Facts about the Over-Incarceration of Women in the United States*, December 12, 2007, http://www.aclu.org/womens-rights/facts-about-over-incarceration-women-united-states.
（4）Giordano, Peggy C., Deines, Jill A., & Cernkovich, Stephen A., "In and Out of Crime: A Life Course Perspective on Girl's Delinquency", edited by Heimer, Karen & Kruttschnitt, Candace, *Gender and Crime: Patterns in Victimization and Offending*. New York University Press. p. 22.
（5）Morash, Merry, & Schram, Pamela, *The Prison Experience: Special Issues of Women in Prison*. Waveland Press, Inc. 2002,

pp. 163–164.

（6） *Ibid.*

（7） ドラッグ・コートとは、刑罰と治療を組み合わせた制度で、各州の法律に従い、裁判官の監督に基づいて、薬物治療及び更生を実施し、暴力行為の伴わない薬物事件を処理する裁判所のこと。一九九五年にNational Association of Drug Court Professionalsが規定した。たとえば、TC等の薬物回復プログラムに参加しながら、決まった期間、定期的に裁判所に通い、裁判官や保護観察官といった司法関係者と対話を持ち、薬物を断とうとする。一九八九年にフロリダ州で始まり、現在全米におよそ二六〇〇のドラッグ・コートが存在している。

（8） シャナが来日時に話した内容は、次の書籍に詳しい。信田さよ子、シャナ・キャンベル、上岡陽江『虐待という迷宮』、春秋社、二〇〇四年。

（9） アミティを学ぶ会編『フォーラム記録集　女性をめぐる暴力――生き延びるためのプログラム』、かりん舎、二〇〇四年、一八頁。

（10） 前掲書、五六頁。

（11） Women's Letters of Hope, 1984–1994, Amity Media Arts Development, 1994から抜粋したRegina Slaughterによる手紙。

エピローグ　ティワナから

（1） Powell, Diane Hennacy, "at-one-ment: becoming whole", Cousineau, Phil, *Beyond Forgiveness: Reflections on Atonement*, Jossey-Bass A Wiley Imprint, 2011, p. 54.

（2） Pew Hispanic Center, *Unauthorized Immigrant Population: National and State Trends*, Pew Research Center, 2010.

（3） Graham, Wendy F, & Wexler, Harry K, 2 The Amity Therapeutic Community Program at Donovan Prison: Program Description and Approach", edited by De Leon, George, *Community as Method: Therapeutic Communities for Special*

Populations and Special Settings, 1997, p. 74.

(4) Legislative Analyst's Office, *A Status Repot: Reducing Prison Overcrowding in California*, August 5, 2011. http://www.lao.ca.gov/reports/2011/crim/overcrowding_080511.aspx

(5) 山下英三郎『修復的アプローチとソーシャルワーク――調和的な関係構築への手がかり』明石書店、二〇一二年は、修復的司法を広く捉え、司法の枠組みを越えた適用を推奨する。海外の実践例などもあり、参考になる。坂上香「司法を超える修復的司法の挑戦――教育とアートの現場から」『自由と正義』、九一一五頁は、アートや教育現場における修復的なありかたについての考察。

(6) 従来型の拘禁刑とは異なる処遇に関しては、刑事立法研究会『非拘禁的措置と社会内処遇の課題と展望』現代人文社、二〇一二年が参考になる。

(7) 薬物、虐待、いじめなどの影響を受けた当事者とアートや非言語表現の可能性については、次の文献を参照。津田塾大学ソーシャル・メディア・センター編『つながるための〈しくみ〉をいかに作るか?――協働的表現の実践とその可能性をめぐって』津田塾大学ソーシャル・メディア・センター、二〇一二年。

(8) Gilligan, James, *Violence: Reflections on a National Epidemic*, Vintage Books, 1996.

(9) Powell, *ibid.*, p. 52.

(10) Powell, *ibid.*, p. 52.

あとがき

暴力をめぐる果てしない旅。

その中腹で立ち止まり荒野を俯瞰する作業は、予想以上に時間がかかり苦労した。未だに見落としてきたものがあるような気がして、いくつかの地点に戻りたいという衝動に駆られてもいる。戻ったなら、私はわかったつもりになっていただけだと思い知らされるのだろうか、今までがそうであったように。

本書では、米国南西部を拠点とするアミティの活動を通して、暴力への向きあい方を紹介した。その中で最も重要なのが、彼らの徹底した「人間的な眼差し」だ。第九章でも触れたが、十代から十八年間刑務所に服役したケルビンが、ある大学生に言った言葉が忘れられない。それは司法の実務家を目指す者に何を求めるか、という質問に対してだった。

「一人の人間として、接してほしい。」

単純な要望だ。しかし、この単純な姿勢こそが難しい。特に刑務所という場では。

理解不能といわれる「他者＝犯罪者」との接点を、私たちは見いだせるだろうか。それ以前に、私も、他者も、そして私たちの社会や世界も変容可能だ、と信じることができるだろうか。「他者」をモンスター化する誘惑はシャワーのように私たちに降り注ぐ。かくいう私も危うく足をすくわれそうになる。犯罪への対応を考えるということは、この溢れる誘惑のなかで、「他者」に私を重ね、社会を連ねて、各々が思いを巡らせてみることだと思う。それは、決して容易ではない。目を伏せたくなることに目を見開き、耳を塞ぎたくなることに耳を傾けなくてはならないから。不可解な「他者」が、変われるはずだと信じなくてはならないから。そして何より、自らの被害者性や加害者性にも向きあわざるをえないから。

だからこそ、本音を語れる「サンクチュアリ」を、刑務所を含めた社会のあらゆる場に作り、アリス・ミラーのいう「証人」を、様々な人を巻き込みながら育む必要があるのだと思う。本書が描いてきたライファーズが、そのための一助になってくれれば嬉しい。

本書は、『みすず』二〇一一年三月号から十二月号までの連載をもとに、大幅に加筆修正を行ったものである。ここ数年、多忙を極めたこともあるが、取材は続けていても、様々な理由で表現することをためらう自分がいた。そんな私に、編集者の鈴木英果氏が具体的に執筆の場を与えてくださったからこそ本書が誕生した。彼女から本の企画を持ちかけられたのは確か二〇〇六年だった。二つ返事をしたものの、十数年分の資料と映像の山を前に、途方に暮れたまま六年が経った。そんなある日、鈴木氏から届いた一枚の葉書と慎ましやかに書かれた「ライファーズを再開しませんか。連載が一つあきました」の一言。編集者が思い続け、機が熟すまで待ち続けてくれていたことを知り、背中を押された。

本書は、映像を繰り返し見ることによって、記憶をたぐり寄せるという方法で書いた。リアリティが感じられるとすれば、それは撮影の南幸夫氏、録音の森英司氏、スタジオNEO P&Tのスタッフの創造力によるところが大きい。映画の続編（現在編集中）も、同じメンバーで取組んでいる。

装丁は、映画の宣伝時以来のつきあいの高木善彦氏にお願いした。デザインに静かな哲学を感じさせてくれる彼以外には思い浮かばなかった。また、本書に掲載された写真の大半は、アミティの代表Rod Mullenが撮影したもので、各章のエッセンスを際立たせてくれている。彼は、関係者への取材許可からカリフォルニア州矯正局との撮影交渉まで一手に引受けてくれた。

取材で世話になった全員の名前をあげるわけにはいかないが、次の人々は私を信頼し、いくつもの重い扉を開け、旅をリードしてくれたナビゲーターたちだ。Naya Arbiter, Mark Faucett, Fernando Mendez（没）, Ernest Scott（没）, Pamela Jay, Robin Rettmer, Bette Fleishman, Reyes Orozco, Charles & Kelvin Goshen, Jimmy Keeler, Regina Slaughter, Shawna Rosenthal, Robin McGrath, Bette Jean, Dwight & Michael Bocage, Lewis Yablonsky, Jerry & Deborah Newmark. 取材を引受け、暴力について、アミティにつないでくれたAlice Miller（没）にも深く感謝している。彼女との出会いがなければ、またそれへの向きあい方について、ここまで深く掘り下げて考えることはなかったかもしれない。

最後に、家族や友人らに感謝を述べたい。まずは、連れ合いの岩井信。彼は、厳罰化が加速する日本の司法現場で、司法の人間化を日々試みる実務家であるが、常に現実的な助言や問いを投げかけてくれた。義理の母と実母には感謝の言葉が見つからない。取材の都合で二人を振り回してきたが、常に快く家事や子育てを引受けてくれた。生後四ヶ月から有無を言わせず海外取材につきあわせてきた息子の路加にも感謝を示したい。本書を書き終えることができたのは、小学生にして聴き上手、励まし上手というTCのエッセンスを既に体得している彼のおかげでもある。さらに、私の取材活動を長い目で見守り、励まし、伴走してきてくれたout of frameの仲間の存在も欠かせない。その他、映画制作への様々な支援や連載へのコメントなど、私の作品や活動に関心を注いでくれる協力者の思いと具体的なサポートがなければ、映画も本書も世に出ていなかった。心からお礼を述べたい。

二〇一二年六月二三日　加害（日本本土）と被害（沖縄）の折り重なる日、そして息子の誕生の日に

坂上　香

著者略歴

（さかがみ・かおり）

ドキュメンタリー映像作家．1965 年生まれ．1992 年ピッツバーグ大学社会経済開発学修士課程修了．2001 年までテレビディレクター．京都文教大学助教授，津田塾大学准教授を経て，2012 年より映像制作・上映に専念．主な番組に『ジャーニー・オブ・ホープ――殺人事件被害者遺族と死刑囚の家族の 2 週間』（NHK BS-1 日曜スペシャル，1996），『少年が被害者と向き合うとき――米・更生への新たな取り組み』（NHK BS-1 日曜スペシャル，1999）ほか．2004 年に劇場公開ドキュメンタリー映画『Lifers　ライファーズ　終身刑を超えて』を自主製作，ニューヨーク国際インディペンデント映画祭で海外ドキュメンタリー部門最優秀賞を受賞．2014 年には『トークバック　沈黙を破る女たち』を劇場公開，2020 年には『プリズン・サークル』で文化庁映画賞・文化記録映画大賞を受賞．著書に『癒しと和解への旅――犯罪被害者と死刑囚の家族たち』（岩波書店，1999），『プリズン・サークル』（岩波書店，2022）．

坂上香
ライファーズ　罪に向きあう

2012年 8 月 20 日　第 1 刷発行
2023年 3 月 7 日　第 4 刷発行

発行所 株式会社 みすず書房
〒113-0033 東京都文京区本郷 2 丁目 20-7
電話 03-3814-0131(営業) 03-3815-9181(編集)
www.msz.co.jp

本文組版 キャップス
本文印刷・製本所 中央精版印刷
扉・表紙・カバー印刷所 リヒトプランニング
装丁 高木善彦

Printed in Japan
ISBN 978-4-622-07698-8
[ライファーズつみにむきあう]